中国近代史

百年中国近代史的开山之作

蒋廷黻——著

海燕出版社
·郑州·

图书在版编目（CIP）数据

中国近代史 / 蒋廷黻著. — 郑州：海燕出版社，2017.2（2024.5重印）

ISBN 978-7-5350-6958-0

Ⅰ.①中… Ⅱ.①蒋… Ⅲ.①中国历史—近代史 Ⅳ.①K25

中国版本图书馆CIP数据核字（2017）第020574号

中国近代史

ZHONGGUO JINDAISHI

出 版 人：	李 勇	出版统筹：	小 天
选题策划：	陈 祥	美术编辑：	韩 青
项目统筹：	韩 青	责任校对：	高 天
责任编辑：	刘学武	责任印制：	邢宏洲

出版发行：海燕出版社

地址：河南自贸试验区郑州片区（郑东）祥盛街 27 号 邮编：450016

网址：www.haiyan.com

发行部：0371-65723270 总编室：0371-63932972

印 刷：河南华彩实业有限公司

开 本：880毫米×1230毫米 1/32

印 张：6

字 数：72 千字

版 次：2017 年 2 月第 1 版

印 次：2024 年 5 月第 4 次印刷

定 价：20.00 元

目录

总　论　1

第一章　剿夷与抚夷　7

第一节　英国请中国订立邦交　9

第二节　英国人做鸦片买卖　17

第三节　东西对打　22

第四节　民族丧失二十年的光阴　30

第五节　不平等条约开始　35

第六节　剿夷派又抬头　40

第七节　剿夷派崩溃　47

第二章　洪秀全与曾国藩　55

第一节　旧社会走循环套　57

第二节　洪秀全企图建新朝　63

第三节　曾国藩刷新旧社会　70

第四节　洪秀全失败　76

第三章　自强及其失败　83

第一节　内外合作以求自强　85

第二节　步步向前进　92

第三节　前进遇着阻碍　96

第四节　士大夫轻举妄动　106

第五节　中日初次决战　120

第四章 瓜分及民族之复兴 137

第一节 李鸿章引狼入室 139

第二节 康有为辅助光绪变法 146

第三节 顽固势力总动员 152

第四节 孙总理提民族复兴方案 159

第五节 民族扫除复兴的障碍 168

第六节 军阀割据十五年 177

第七节 贯彻总理的遗教 183

总　论

中华民族到了十九世纪就到了一个特殊时期。在此以前，华族虽与外族久已有了关系，但是那些外族都是文化较低的民族。纵使他们入主中原，他们不过利用华族一时的内乱而把政权暂时夺过去。到了十九世纪，这个局势就大不同了，因为在这个时候到东亚来的英、美、法诸国绝非匈奴、鲜卑、蒙古、倭寇、清人可比。原来人类的发展可分两个世界，一个是东方的亚洲，一个是西方的欧美。两个世界虽然在十九世纪以前曾有过关系，但是那种关系是时有时无的，而且是可有可无的。在东方这个世界里，中国是领袖，是老大哥，我们以大哥自居，他国连日本在内，也承认我们的优越地位。到了十九世纪，来和我们找麻烦的不是我们东方世界里的小弟们，是那个素不相识而且文化根本互异的西方世界。①

嘉庆、道光年间的中国人当然不认识那个西方世界。直到现在，我们还不敢说我们完全了解西洋的文明。不过有几点我们是可以断定的：第一，中华民族的本质可以与世界上最优秀的民族相比，中国人的聪明不在任何别的民族之下；第二，中国的物产虽不及俄、美两国的丰厚，然总在一般国家水平线之上；第三，秦始皇的废封建为郡县及汉、唐两朝的伟大帝国，足证我民族是有政治天分的。是故论人论地，中国本可大有作为。然而到了十九世纪，我民族何以遇着空前的难关呢？第一，是因为我们的科学不及人。人与人的竞争，民族与民族的竞争，最足以决胜负的，莫过于知识的高低。科学的知识与非科学的知识比赛，好

① 此书系蒋廷黻先生于1938年所作。书中观点，以当时历史情境为据。为保留作品原貌，对书中观点有值得商榷之处，本书在编辑过程中暂作保留处理，留待读者探讨求证。

像汽车与人力车的比赛。在嘉庆、道光年间，西洋的科学基础已经打好了，而我们的祖先还在那里做八股文，讲阴阳五行。第二，西洋已于十八世纪中叶起始用机器生财打仗，而我们的工业、农业、运输、军事，仍保存唐、宋以来的模样。第三，西洋在中古的政治局面很像中国的春秋时代，文艺复兴以后的局面很像我们的战国时代。在列强争雄的生活中，西洋人养成了热烈的爱国心、深刻的民族观念。我们则死守着家族观念和家乡观念。所以在十九世纪初年，西洋的国家虽小，然团结有如铁石之固；我们的国家虽大，然如一盘散沙，毫无力量。总而言之，到了十九世纪，西方的世界已经具备了所谓的近代文化，而东方的世界则仍滞留于中古，我们是落伍了！

近百年的中华民族根本只有一个问题，那就是：中国人能近代化吗？能赶上西洋人吗？能利用科学和机械吗？能废除我们的家族和家乡观念而组织一个近代的民族国家吗？能的话，我们民族的前途是光明的；不能的话，我们这个民族是没有前途的。因为在世界上，一切国家能接受近代文化者必致富强，不能者必遭惨败，毫无例外。并且接受得愈早愈速就愈好。日本就是一个例子，日本原有土地不过相当中国的一省，原有的文化几乎全是隋、唐以来自中国学去的。近四十年以来，日本居然能在国际上做一个头等的国家，就是因为日本接受近代文化很快。我们还可以把俄国做个例子，俄国在十五、十六、十七世纪也是个落伍的国家，所以那时在西洋的大舞台上，几乎没有俄国的地位。可是在十七世纪末年，正当我们的康熙年间，俄国幸而出了一个大彼得，他以专制皇帝的至尊，变名改姓，微服到西欧去学造船、学炼钢。后来他又请了许多西欧的技术家到俄国去，帮助他搞维新。那时许多的俄国人反对他，尤其是首都莫斯科的国粹党。他不顾一切，奋斗到底，甚至迁都到一个偏僻的、但是滨海的涅瓦河旁，因为他想靠海就容易与近代文化发源地的西欧往来。俄国的近代化基础是大彼得立的，他是俄罗斯民族大英雄之一，所以就连斯大林也很推崇他。

土耳其的命运也足以表示近代文化左右国家富强力量之大。在十九世纪初年,土耳其帝国的土地跨欧、亚、非三洲,土耳其人也是英勇善战的。但是在十九世纪百年之内,别国的科学、机械和民族主义有一日千里的长进,土耳其则只知保守,因此土耳其遂受了欧洲列强的宰割。到了一八七八年以后,土耳其也有少数青年觉悟了非维新不可,但是他们遇着极大的阻力。第一,土耳其的国王,如中国的清朝一样,并无改革的诚意。第二,因为官场的腐败,创造新事业的经费都被官僚侵吞了、浪费了。国家没有受到新事业的益处,人民增加了许多的苛捐杂税,似乎国家愈改革就愈弱愈穷。关于这一点,土耳其的近代史也很像中国的近代史。第三,社会的守旧势力太大,以致有一个人提倡维新,就有十个人反对。总而言之,土耳其在十九世纪末年的维新是三心二意的,不彻底的,无整个计划的。其结果是在上次世界大战①中的惨败,国家几致于

①指第一次世界大战。

灭亡。土耳其人经过那次大国难以后一致团结起来，拥护民族领袖凯末尔，于是始得复兴。凯末尔一心一意为国家服务，不知有他。他认识了时代的潮流，知道要救国非彻底接受近代的文化不可。他不但提倡科学工业，甚至改革了土耳其的文字，因为土耳其的旧文字太难，儿童费在文字上的时间和脑力太多，能费在实学上的必致减少。现在土耳其立国的基础算打稳了。

日本、俄国、土耳其的近代史大致是前面说的那个样子。这三国接受了近代的科学、机械及民族主义，于是复兴了，富强了。现在我们要研究我们的近代史。

我们要注意帝国主义如何压迫我们。我们要仔细研究每一个时期内的抵抗方案，尤其要分析每一个方案成败的程度和原因。如果能找出中国近代史的教训，我们对于抗战建国就更能有所贡献了。

第一章　剿夷与抚夷

第一节　英国请中国订立邦交

在十九世纪以前，中西没有邦交。西洋没有派遣驻华的使节，我们也没有派大使公使到外国去。此中的缘故是很复杂的，第一，中西相隔很远，交通也不方便。西洋到中国来的船只都是帆船。那时没有苏伊士运河，中西的交通须绕非洲顶南的好望角，从伦敦到广州顶快需三个月，因此商业也不大，西洋人从中国买的货物不外乎丝茶及别的奢侈品。我们的经济是自给自足的，用不着任何西洋的出品，所以那时我们的国际贸易总有很大的出超。在这种情形之下，邦交原来可以不必有的。

还有一个缘故，那就是中国不承认别国的平等。西洋人到中国来，我们总把他们当作琉球人、高丽人看待。他们不来，我们不勉强他们。他们如来，必尊中国为上国并以藩属自居。这个体统问题、仪式问题就成为邦交的大阻碍，“天朝”是绝不肯通融的。中国那时不感觉有联络外邦的必要，并且外夷岂不是蛮貊之邦，不知礼义廉耻，与他们往来有什么好处呢？他们贪利而来，天朝施恩给他们，许他们做买卖，借以羁縻与抚绥而已。假若他们不安分守己，天朝就要“剿夷”。那时中国不知道有外交，只知道“剿夷与抚夷”。政治家分派别，不过是有些主张剿，有些主张抚。

那时的通商制度也特别，西洋的商人都限于广州一口。在明末清初的时候，西洋人曾到过漳州、泉州、福州、厦门、宁波、定海各处。后来一则因为事实的不方便，二则因为清廷法令的禁止，就成立了所谓一口通商制度。在广州，外人也是不自由的，夏秋两季是买卖季，他们可以住在广州的十三行；买卖完了，他们必须到澳门去过冬。十三行是中国政府指定的十三家可以与外国人做买卖的商行。十三行的行总是十三行的领袖，也是政府的交涉员。所有广州官吏的命令都由行总传给外商，外商上给官吏的呈文也由行总转递。外商到广州照法令不能坐轿，事实上官吏很通融。他们在十三行住的时候，照法令不能随便出游，逢八（也就是初八、十八、二十八）可以由通事领导到河南的“花地”去游一次。他们不能带军器进广州，“夷妇”也不许进去，以防“盘踞之渐”。顶奇怪的禁令是外人不得买中国书，不得学中文。第一个耶稣教传教士马礼逊博士的中文教师，每次去授课的时候，身旁必须随带一只鞋子和一瓶毒药，鞋子表示他是去买鞋子的，而不是去教书的；毒药是预备万一官府查出，可以自尽。

那时中国的海关是自主的，朝廷所定的海关税则原来很轻，平均不过百分之四，清政府并不看重那笔海关收入，但是官吏所加的陋规极其繁重，大概连正税要收货价的百分之二十。中国法令规定税则应该公开，事实上，官吏绝守秘密，以便随意上下其手。外人每次纳税都经过一种讲价式的交涉，因此很不耐烦。

中国那时对于法权并不看重。在中国境内，外国人与外国人的民刑案件，中国官吏不愿过问，那就是说，自动地放弃境内的法权。譬如乾隆十九年(1754)，一个法国人在广州杀了一个英国人，广州的府县最初劝他们自己调解，后因英国坚决要求，官厅始理问。中国人与外国人的民事案件总是由双方设法和解，因为双方都怕打官司之苦。倘若中国人杀了外国人，官厅绝不偏袒，总是杀人者抵死，所以外国人很满意。只有外国人杀中国人的案子麻烦，中国人要求外人交凶抵死，在十八世纪中叶以前，外人遵命者多，以后则拒绝交凶，拒绝接受中国官厅的审理，因为他们觉得中国刑罚太重，审判手续太不高明。

外国人最初对于我们的通商制度虽不满意，然而觉得既是中国的定章，只好容忍。到了十八世纪末年（乾隆末年，嘉庆初年），外国人的态度就慢慢地变了。这时中国的海外贸易大部分在英国的东印度公司手里，在广州的外国人之中，英国已占领了领袖地位。英国此时的工业革命已经起始，昔日的手工业都慢慢变为机械制造。海外市场在英国的国计民生上一天比一天紧要，中国对通商的限制，英国认为最不利于英国的商业发展。同时英国在印度已战胜了法国，印度半岛全入了英国的掌握。以后再往亚东发展也就更容易了，因为有了印度作为发展的根据地。

当时欧洲人把乾隆皇帝作为一个模范的开明君主看。英国人以为在华通商所遇着的困难都是广州地方官吏做出来的。倘若有法能使乾隆知道，他必愿意改革。1791 年（乾隆五十六年）正是乾隆帝满八十岁的那年，如果英国趁机派使来贺寿，那就能得到一个交涉和促进中英友谊的机会。广州官吏知道乾隆的虚荣心,竭力怂恿英国派使祝寿。于是英国乃派马戛尔尼(Lord Macartney)为全权特使于1792年来华。

马戛尔尼使节的预备是很费苦心的。特使乘坐头等兵船,并带卫队。送乾隆的礼物都是英国上等的出品,用意不外要中国知道英国是个富强而且文明的国家。英政府给马戛尔尼的训令要他竭力迁就中国的礼俗,唯必须表示中英的平等。交涉的目的有好几个:第一,英国愿派全权大使常驻北京,如中国愿派大使到伦敦去,英廷必以最优之礼款待之。第二,英国希望中国加开通商口岸。第三,英国希望中国有固定的、公开的海关税则。第四,英国希望中国给他一个小岛,可以供英国商人居住及贮货,如同葡萄牙人在澳门一样。在乾隆帝方面,他也十分高兴迎接英国的特使,但是乾隆把他当作一个藩属的贡使看待,要他行跪拜礼。马戛尔尼最初不答应,后来有条件地答应。他的条件是:将来中国派使到伦敦去的时候,也必须向英王行跪拜礼；或是中国派员向他所带来的英王的画像行跪拜答礼。他的目的不外要表示中英的平等。中国不接受他的条件，他也就拒绝行跪拜礼。乾隆帝很不快乐，接见以后，就要他离京回国。至于马戛尔尼所提出的要求，中国都拒绝了。那次英国和平的交涉要算完全失败了。

十八世纪末年和十九世纪初年，欧洲正闹法兰西革命和拿破仑战争，英国无暇顾及远东商业的发展。等到战事完了，英国遂第二次派使节来华，其目的大致与第一次同。但是嘉庆给英使的待遇远不及乾隆，所以英使不但外交失败，并且私人对中国的感情也不好。

英国有了这两次的失败，知道和平交涉的路走不通。

中西的关系是特别的：在鸦片战争以前，我们不肯给外国平等待遇；在以后，他们不肯给我们平等待遇。

到了十九世纪，我们只能在国际生活中找出路，但是嘉庆、道光、咸丰年间的中国人，不分汉、满，仍图闭关自守，要维持历代在东方世界的光荣地位，根本否认那个日益强盛的西方世界。我们倘若大胆地踏进大世界的生活，我们需要高度地改革，不然，我们就不能与列强竞争。但是我们有与外国人并驾齐驱的人力物力，只要我们有此决心，我们可以在十九世纪的大世界上得到更光荣的地位。我们研究中华民族的近代史，必须了解近代的邦交是我们的大困难，也是我们的大机会。

第二节　英国人做鸦片买卖

在十九世纪以前，外国没有什么大宗货物是中国人要买的，外国商船带到中国来的东西只有少数是货物，大多数是现银。那时经济学者，不分中外，都以为金银的输出是于国家有害的。各国都在那里想法子增加货物的出口和金银的进口。在中国的外商，经过多年的试验，发现鸦片是种上等的商品。于是英国东印度公司在印度奖励种植，统制运销。乾隆初年，鸦片输入每年约四百箱，每箱约百斤。乾隆禁止内地商人贩卖，但是没有效果。到了嘉庆初年，输入竟增加了十倍，每年约四千箱。嘉庆下令禁止入口，但是因为官吏的腐败和查禁的困难，销路还是继续增加。

道光对于鸦片是最痛心的，对于禁烟是最有决心的。即位之初，他就严申禁令，可是在他的时代，鸦片的输入增加最快。道光元年(1821)输入尚只五千箱，道光十五年(1835)，就加到了三万箱，值价约一千八百万元。中国的银子漏出，换这有害无益的鸦片，全国上下都认为是国计民生的大患。广东有一帮士绅觉得禁烟绝不能实行，因为“法令者，胥役之所借以为利也，立法愈峻，则索贿愈多”。他们主张一面加重关税，一面提倡种植，拿国货来抵外货，久而久之，外商无利可图，就不运鸦片进口了。道光十四五年(1834—1835)的时候，这一派的议论颇得势，但是，除许乃济一人外，没有一人敢冒天下之大不韪，公开提倡这个办法。道光十八年(1838)，黄爵滋上了一封奏折，大声疾呼主张严禁。他的办法是严禁吸食，他说没有人吸，就没有人卖，所以吸者应治以死罪：

请皇上严降谕旨，自今年某月某日起，至明年某月某日止，准给一年限戒烟，倘若一年以后，仍然吸食，是不奉法之乱民，置之重刑无不平允。查旧例，吸食鸦片者仅枷杖，其不指出兴贩者罪止杖一百，徒三年，然皆系活罪。断瘾之苦，甚于枷杖与徒杖，故甘犯明刑，不肯断绝。若罪以死论，是临刑之惨更苦于断瘾，臣知其情愿绝瘾而死于家，不愿受刑而死于市。惟皇上既慎用刑之意，诚恐立法稍严互相告讦，必至波及无辜。然吸食鸦片是否有瘾无瘾，到官熬审，立刻可辨，如非吸食之人，无大深仇，不能诬枉良善，果系吸食者，究亦无从掩饰。故虽用刑，并无流弊。

这封奏折上了以后，道光令各省的督抚讨论。他们虽不彰明地反对黄爵滋，总觉得他的办法太激烈。他们说吸食者只害自己，贩卖者则害许多别人，所以贩卖之罪重于吸食之罪。广州是鸦片烟的总进口，大贩子都在那里，要禁烟应从广州下手。唯独两湖总督林则徐完全赞成黄爵滋的主张，并建议各种实施办法。道光决定吸食与贩卖都要严加禁止，并派林则徐为钦差大臣，驰赴广州查办禁烟。林文忠公①是当时政界声望最好、办事最认真的大员，士大夫尤其信任他，他的自信力也不小。他虽然以前没有办过“夷务”，他对外国人说：“本大臣家居闽海，于外夷一切伎俩，早皆深悉其详。”

实在当时的人对禁烟问题都带了几分客气。在他们的私函中，他们承认禁烟的困难，但是在他们的奏章中，他们总是逢迎上峰的意旨，唱高调，这种不诚实的行为是中国士大夫阶级的大毛病之一。其实禁烟是个极复杂、极困难的问题，纵使没有外国的干涉，禁烟已极其困难，何况在道光年间英国人绝不愿意我们实行禁烟呢？那时鸦片不但是通商的大利，而且是

①指林则徐。

印度政府财政收入之大宗。英国对于我们独自尊大、闭关自守的态度已不满意，想要和我们算一次账，倘若我们因鸦片问题给予英国任何借口，英国绝不惜以武力对付我们。

那次的战争我们称为鸦片战争，英国人则称为通商战争，两方面都有理由。关于鸦片问题，我方力图禁绝，英方则希望维持原状：我攻彼守。关于通商问题，英方力图获得更大的机会和自由，我方则硬要维持原状：彼攻我守。就世界大势论，那次的战争是不能避免的。

第三节 东西对打

林则徐于道光十九年(1839)正月二十五日行抵广州。经一个星期的考虑和布置,他就动手了。他谕告外国人说:“利己不可害人,何得将尔国不食之鸦片烟带来内地,骗人财而害人命乎?”他要外国人做两件事:第一,把已到中国而尚未出卖的鸦片,“尽数缴官”;第二,出具甘结,声明以后不带鸦片来华,如有带来,一经查出,甘愿“货尽没官,人即正法”。外国人不知林则徐的品格，以为他不过是个普通官僚，到任之初，总要出个告示，大讲什么礼义廉耻，实质上还不是要价？价钱讲好了，买卖就可以照常做了，因此他们就观望、就讲价。殊不知林则徐不是那类人："若鸦片一日未绝，本大臣一日不回，誓与此事相始终，断无中止之理。"到了二月初十，外人尚不肯交烟，林则徐就下命令，断绝广州出海的交通，派兵把十三行围起来，把行里的中国人都撤出，然后禁止一切的出入。换句话说，林则徐把十三行作了外国人的监牢，并且不许人卖粮食给他们。

当时在十三行里约有三百五十个外国人，连英国商业监督义律(Captain Charles Elliot)在内。他们在里面当然要受相当的苦，煮饭、洗碗、打扫都要自己动手。但是粮食还是有的，外人预贮了不少，行商又秘密地接济。义律原想妥协，但是林则徐坚持他的两种要求。是时英国在中国洋面只有两只小兵船，船上的水兵且无法到广州。义律不能抵抗，只好屈服。他屈服的方法很值得我们注意。他不是命令英国商人把烟交给林则徐，他是教英商把烟交给他，并且由他以商业监督的资格给各商收据，一转手之间，英商的鸦片变为大英帝国的鸦片。

义律共交出二万零二百八十箱，共计二百数十万斤，实一网打尽。这是林文忠的胜利，道光帝也高兴极了。他批林的奏折说："卿之忠君爱国皎然于域中化外矣。"外人尚不完全相信林真是要禁烟，他们想林这一次发大财了。林在虎门海滩挑了两个池子，"前设涵洞，后通水沟，先由沟道引水入池，撒盐其中，次投箱中烟土，再抛石灰煮之，烟灰汤沸，颗粒悉尽。其味之恶，鼻不可嗅。潮退，启放涵洞，随浪入海，然后刷涤池底，不留涓滴。共历二十三日，全数殆尽销毁。逐日皆有文武官员监视"①。外人之来观者，详记其事，深赞钦差大臣之坦然无私。

① 引自《筹办夷务始末》。

义律当时把缴烟的经过详细报告英国政府以后，静待政府的训令。林文忠的大功告成，似乎可以休手了。并且朝廷调他去做两江总督，可是他不去。他说：已到的鸦片，既已销毁，但是以后还可以来。他要彻底禁绝，方法就是要外商人人出具甘结，以后不做鸦片买卖。这个义律不答应，于是双方又起冲突了。林自觉极有把握，他说，英国的战斗力亦不过如此，英国人“腿足缠束紧密，屈伸皆所不便”。虎门的炮台都重修过，虎门口他又拿很大的铁链封锁起来。他又想外国人必须有茶叶、大黄，他禁止茶叶、大黄出口，就可以致外人的死命。那年秋冬之间，广东水师与英国两只小兵船有好几次的冲突，林报告朝廷，中国大胜，因此全国都是乐观的。

英国政府接到义律的信以后，就派全权代表懿律(Admiral George Elliot)率领海陆军队来华。这时英国的外相是巴麦尊(Lord Palmerston)，有名的好大喜功的帝国主义者。他不但索鸦片赔款、军费赔款，并且要求一扫旧日所有的通商限制和邦交的不平等。懿律于道光二十年(1840)的夏天到广东洋面。倘若英国深知中国的国情,懿律应该在广州与林则徐决胜负,因为林是主战派的领袖。但英国人的策略并不在此,懿律在广东,并不进攻,仅宣布封锁海口。中国人的解释是英国怕林则徐。封锁以后,懿律北上,派兵占领定海。定海并无军备,中国人觉得这是不武之胜。以后义律和懿律就率主力舰队到大沽口。

定海失守的消息传到北京以后,清廷愤懑极了。道光下令调陕、甘、云、贵、湘、川各省的兵到沿海各省,全国脚乱手忙。上面要调兵,下面就请饷。道光帝最怕花钱,于是对林则徐的信任就减少了。七月二十二日他的上谕骂林则徐道:“不但终无实际,反生出许多波澜,思之曷胜愤懑,看汝以何词对朕也。”

是时在天津主持交涉者是直隶总督琦善,他下了一番知己知彼的功夫。他派人到英国船上假交涉之名去调查英国军备,觉得英人的船坚炮利远在中国之上。他国的汽船，“无风无潮，顺水逆水，皆能飞渡”①。他们的炮位之下，“设有石磨盘，中具机轴，只须移转磨盘，炮即随其所向”。回想中国的设备，他觉得可笑极了。山海关的炮，尚是“前明之物，勉强蒸洗备用”。所谓大海及长江的天险已为外人所据，“任军事者，率皆文臣，笔下虽佳，武备未谙”，所以他决计抚夷。

英国外相致中国宰相书，很使琦善觉得他的抚夷政策是很有希望的。那封书的前半都是批评林则徐的话，说他如何残暴武断，后半提出英国的要求。琦善拿中国人的眼光来判断那封书，觉得它是个状纸。林则徐待英人太苛了，英人不平，所以要大皇帝替他们申冤。他就将计就计，告诉英国人说：“上年钦差大臣林等查禁烟土，未能体仰大皇帝大公至正之意，以致受人欺蒙，措置失当。必当逐细查明，重治其罪。

①本段引文皆引自琦善上启道光帝的奏折，其中汇报了英国海军力量。

惟其事全在广东,此间无凭办理。贵统帅等应即返棹南还,听候钦差大臣驰往广东,秉公查办,定能代申冤抑。"至于赔款一层,中国多少会给一点,使英代表可以有面子回国。至于变更通商制度,他告诉英国人,事情解决以后,英人可照旧通商,用不着变更。懿律和义律原不愿在北方打仗,所以就答应了琦善回到广州去交涉,并表示愿撤退在定海的军队。道光帝高兴极了,觉得琦善三寸之舌竟能说退英国的海陆军,远胜林则徐的孟浪多事。于是下令教内地各省的军队概归原防,"以节靡费"。同时革林则徐的职,教琦善去代替他。

琦善到了广东以后,他发现自己把事情看得太容易了。英国人坚持赔款和割香港或加通商口岸,琦善以为与其割地,不如加开通商口岸。但是怕朝廷不答应,所以只好慢慢讲价,稽延时日,英人不耐烦,遂于十二月初开火了。大角、沙角失守以后,琦善遂和义律订立条约,赔款六百万元,割香港予英国,以后给予英国平等待遇。道光不答应，骂琦善是执迷不悟，革职锁拿，家产查抄入官，同时调大兵赴粤剿办。英国政府也不满意义律，另派代表及军队来华。从这时起，中英双方皆一意主战，彼此绝不交涉。英国的态度很简单：中国不答应他的要求，他就不停战。道光也是很倔犟：一军败了，再调一军。中国兵士有未出战而先逃者，也有战败而宁死不降不逃者。将帅有战前妄自夸大而临战即后退者，也有鞠躬尽瘁死而后已者，如关天培、裕谦、海龄诸人。军器不如人，自不待说；纪律不如人，精神不如人，亦不可讳言。人民有些甘做汉奸，有些为饥寒所迫，投入英军做苦力。到了道光二十二年(1842)的夏天，英军快要攻南京的时候，清廷知道没有办法，不能再抵抗，于是接受英国要求，订立《南京条约》。

第四节 民族丧失二十年的光阴

鸦片战争失败的根本原因是我们的落伍。我们的军器和军队是中古的军队，我们的政府是中古的政府，我们的人民，连士大夫阶级在内，是中古的人民。我们虽拼命抵抗终归失败，那是自然的，逃不脱的。从民族的历史看，鸦片战争的军事失败还不是民族致命伤。失败以后还不明了失败的理由力图改革，那才是民族的致命伤。倘使同治、光绪年间的改革移到道光、咸丰年间，我们的近代化就要比日本早二十年。远东的近代史就要完全变更面目。可惜道光、咸丰年间的人没有领受军事失败的教训，战后与战前完全一样，麻木不仁，妄自尊大。直到咸丰末年，英法联军攻进了北京，然后有少数人觉悟了，知道非学西洋不可。所以我们说，中华民族丧失了二十年的宝贵光阴。

为什么道光年间的中国人不在鸦片战争以后就开始维新呢？此中缘故虽极复杂，但是值得我们研究。第一，中国人的守旧性太重。中国文化有了这几千年的历史，根深蒂固，要国人承认有改革的必要，那是不容易的。第二，中国文化是士大夫阶级的生命线。文化的摇动，就是士大夫饭碗的摇动。我们一实行新政，科举出身的先生们就有失业的危险，难怪他们要反对。第三，中国士大夫阶级（知识阶级和官僚阶级）最缺乏独立的、大无畏的精神。无论在哪个时代，总有少数人看事较远较清，但是他们怕清议的指摘，默而不言，林则徐就是个好例子。

林则徐实在有两个，一个是士大夫心目中的林则徐，一个是真正的林则徐。前一个林则徐是主剿的，他是百战百胜的。他所用的方法都是中国的古法。可惜奸臣琦善受了英人的贿赂，把他驱逐了。英人未去林之前，不敢在广东战，既去林之后，当然就开战。所以士大夫想，中国的失败不是因为中国的古法不行，是因为奸臣误国。当时的士大夫得了这样的一种印象，也是很自然的。林的奏章充满了他的自信心，可惜自道光二十年(1840)夏天定海失守以后，林没有得到机会与英国比武，难怪中国人不服输。

真的林则徐是慢慢地觉悟了的。他到了广东以后，就知道中国军器不如西洋，所以他竭力买外国炮、买外国船，同时他派人翻译外国所办的刊物。他把在广东所搜集的材料，给了魏默深①。魏源后来把这些材料编入《海国图志》。这部书提倡以夷制夷，并且以

①即魏源。

夷器制夷。后来日本的文人把这部书译成日文，促进了日本的维新。林虽有这种觉悟，他怕清议的指摘，不敢公开地提倡。清廷把他谪戍伊犁，他在途中曾致书友人说：

彼之大炮远及十里内外，若我炮不能及彼，彼炮先已及我，是器不良也。彼之放炮如内地之放排枪，连声不断。我放一炮后，须辗转移时，再放一炮，是技不熟也。求其良且熟焉，亦无他深巧耳。不此之务，即远调百万貔貅，恐只供临敌之一哄。况逆船朝南暮北，惟水师始能尾追，岸兵能顷刻移动否？盖内地将弁兵丁虽不乏久历戎行之人，而皆睹面接仗。似此之相距十里八里，彼此不见面而接仗者，未之前闻。徐尝谓剿匪八字要言，器良技熟，胆壮心齐是已。第一要大炮得用，令此一物置之不讲，真令岳、韩束手，奈何奈何！

这是他的私函，道光二十二年（1842）九月写的。他请他的朋友不要给别人看，换句话说，真的林则徐，他不要别人知道。难怪他后来虽又做陕甘总督和云贵总督，他总不肯公开提倡改革。他让主持清议的士大夫睡在梦中，他让国家日趋衰弱，而不肯牺牲自己的名誉去与时人奋斗。林文忠无疑的是中国旧文化最好的产品。他尚以为自己的名誉比国事重要，别人更不必说了。士大夫阶级既不服输，他们当然不主张改革。

主张抚夷的琦善、耆英诸人虽把中外强弱的悬殊看清楚了，而且公开地宣传了，但是士大夫阶级不信他们，而且他们无自信心，对民族亦无信心，只听其自然，不图振作，不图改革。我们不责备他们，因为他们是不足责的。

第五节　不平等条约开始

道光二十二年(1842)八月二十九日在南京所订的《南京条约》,不过是战后新邦交及新通商制度的大纲,次年的《虎门条约》才规定细则。我们知道战后的整个局面应该把两个条约合并起来研究。我们应该注意的有下列几点:第一,赔款二千一百万两。第二,割香港。第三,开放广州、厦门、福州、宁波、上海为通商口岸。第四，海关税则详细载明于条约，非经两国同意不能修改，是即所谓协定关税。第五，英国人在中国只受英国法律和英国法庭的约束，是即所谓治外法权。第六，中、英官吏平等往来。

当时的人对于这些条款最痛心的是五口通商，他们觉得外人在广州一口通商的时候已经不易防范，现在有五口通商，外人可以横行天下，防不胜防。直到前清末年，文人忧国者莫不以五口通商为后来的祸根。五口之中，他们又以福州为最重要，上海则是中英双方所不重视的。割让土地当然是时人所反对的，也应该反对的。但是香港在割让以前毫无商业的或国防的重要。英人初提香港的时候，北京还不知道香港在哪里。时人反对割地，不是反对割香港。

协定关税和治外法权是我们近年所认为不平等条约的核心，可是当时的人并不这样看。治外法权，在道光时代的人的眼中，不过是让夷人管夷人，他们想那是最方便、最省事的办法。至于协定关税，他们觉得也是方便省事的办法。每种货物应该纳多少税都明白地载于条约，那就可以省除争执。负责交涉条约的人如伊里布、耆英、黄恩彤诸人，知道战前广东地方官吏的苛捐杂税是引起战争原因之一，现在把关税明文规定，岂不是一个釜底抽薪、一劳永逸的办法？而且新的税则平均到百分之五，比旧日的自主关税还要略微高一点。负交涉责任者计算以后海关的收入比以前还要多，所以他们扬扬得意，以为是他们的外交成功。其实他们牺牲了国家的主权，贻害不少。总而言之，道光年间的中国人，完全不懂国际公法和国际形势，所以他们争所不当争，放弃所不应当放弃的。

我们与英国订了这种条约，实因为万不得已，如别的国家来要求同样的权利，我们又怎样对付呢？在鸦片战争的时候，国内分为两派：剿夷派和抚夷派。前者以林则徐为领袖，后者以琦善为领袖。战争失败以后，抚夷派当然得势了。这一派在朝者是军机大臣穆彰阿，在外的是伊里布和耆英。中英订了条约以后，美、法两国就派代表来华，要求与中国订约。抚夷派的人当然不愿意与美国、法国又打仗，所以他们自始就决定给美、法的人平等的待遇。他们说，倘若中国不给，美、法的人大可以假冒英人来做买卖，我们也没有法子查出。这样做下去，美、法的人既靠英国人，势必与英国人团结一致，来对付我们，假使中国给美、法通商权利，那美国、法国必将感激中国。我们或者还可联合美、法来对付英国。并且伊里布、耆英诸人以为中国的贸易是有限的，这有限的贸易不让英国独占，让美、法分去一部分，与中国并无妨碍，中国何不做个顺水人情？英国为避免别国的妒忌，早已声明他欢迎别国平等竞争。所以美国、法国竟能和平与中国订约。

不平等条约的根源，一部分由于我们的无知，一部分由于我们的法制未达到近代文明的水准。

第六节　剿夷派又抬头

在鸦片战争以前，广州与外人通商已经三百多年，好像广州人应该比较知道外国的情形，比别处的中国人应该更能与外人相安无事。其实不然，五口通商以后，唯独广州人与外人感情最坏，冲突最多。此中原因复杂：第一，英国在广州受了多年的压迫，无法出气，等到他们打胜了，他们觉得他们出气的日子到了，他们不能平心静气地原谅中国人因受了战争的痛苦而对他们自然不满意，自然带几分的仇视。第二，广东地方官商最感觉《南京条约》给他们私人利益的打击。在鸦片战争以前，因为中外通商集中于广州，地方官吏不分大小，都有发大财的机会。《南京条约》以后，他们的意外财源都禁绝了，难怪他们要恨外国人。商人方面也是如此。在战前，江、浙的丝茶都由陆路经江西，过梅岭，而由广州的十三行卖给外国人。据外人的估计，伍家的怡和行在战前有财产八千多万，恐怕是当时世界上最富的资本家。《南京条约》以后，江、浙的丝茶，外人直接到江、浙去买，并不经过广州。五口之中，上海日盛一日，而广州则日形衰落。不但富商受其影响，就是劳工直接间接受影响的都不少，难怪民间也恨外国人。

仇外心理的表现之一就是杀外国人，他们到郊外去玩的时候，乡民出其不意，就把他们杀了。耆英知道这种仇杀一定要引起大祸，所以竭力防御，绝不宽容。他严厉地执行国法，杀人者处死，这样一来，士大夫骂他是洋奴。他们说：官民应该一致对外，哪可以压迫国民以顺夷情呢？因此耆英在广东的地位，一天困难一天。

在广东还有外人进广州城的问题。照常识看来，许外国人到广州城里去似乎是无关宏旨的。在外人方面，不到广州城里去似乎也没任何损失。可是这个入城问题竟成了和战问题。在上海，就全无这种纠纷。《南京条约》以后，外人初到上海的时候，他们在上海城内租借民房，后来他们感觉城内街道狭小，卫生情形也不好，于是请求在城外划一段地作为外人居留地区。上海道台也感觉华洋杂处，不便管理，乃划洋泾浜以北的小块地作为外人住宅区。这是上海租界的起源。广州十三行原在城外，鸦片战争以前，外人是不许入城的。广州人简直把城内作为神圣之地，外人倘进去，就好像于尊严有损。外人也是争意气：他们以为不许他们入城，就是看不起他们。耆英费尽苦心调停外人与广州人民之间的矛盾，不料双方愈演愈起劲。道光二十七年(1847)，英人竟兵临城下，要求入城。耆英不得已，许于两年后准外人入城，希望在两年之内，或者中外感情可以改良，入城可以不成问题。但当时人民攻击耆英者多，于是道光调他入京，而升广东巡抚徐广缙为两广总督，道光给徐的上谕，很清楚地表示了他的态度：

疆寄重在安民，民心不失，则外侮可弭。嗣后遇有民夷交涉事件，不可瞻徇迁就，有失民心。至于变通参酌，是在该署督临时加意权衡体察。总期以诚实结民情，以羁縻办夷务，方为不负委任。

徐广缙升任总督以后，就写信问林则徐驭夷之法。林回答说："民心可用。"道光的上谕和林则徐的回答都是士大夫阶级传统的高调和空谈。仅以民心对外人的炮火当然是自杀。民心固不可失，可是一般人民懂得什么国际关系？主政者应该负责指导舆论。如不指导，或指导不生效，这就是政治家的失败。徐广缙也是怕清议的指摘，也是把自己的名誉看得重，国家的事看得轻。当时广东巡抚叶名琛比徐广缙更顽固。他们继承了林则徐的衣钵，他们上台就是剿夷派的抬头。

道光二十九年(1849)，两年后许入城的约到了期。英人根据条约提出要求，广州的士大夫和民众一致反对。徐广缙最初犹豫，后亦无可奈何，只好顺从民意。叶名琛自始即坚决反对履行条约。他们的办法分两层：第一，不与英人交易。第二，组织民众。英人这时不愿为意气之争与中国决裂，所以除声明保存条约权利以外，没有别的举动。徐、叶认为这是他们的大胜利，事后他们报告北京说：

计自正月二十七日至三月二十日，居民则以工人，铺户则以伙伴，均择其强壮可靠者充补。挨户注册，不得在外雇募。公开筹备经费，制造器械，添设栅栏，共团勇至十万余人。无事则各安工作，有事则立出捍卫。明处则不见荷戈持戟之人，暗中实皆折冲御侮之士。（朱批：朕初不料卿等有此妙用）众志成城，坚逾金石，用能内戢土匪，外警猾夷。

为纪念胜利，道光帝赏了徐广缙子爵，世袭双眼花翎；叶名琛男爵，世袭花翎。道光又特降谕旨，嘉勉广州民众：

我粤东百姓素称骁勇。乃近年深明大义，有勇知方，固由化导之神，亦系天性之厚。朕念其翊戴之功，能无恻然有动于中乎！

道光三十年(1850)年初道光死了，咸丰即位。在咸丰年间，国内有太平天国的内战，对外则剿夷派的势力更大。道光三十年五月，有个御史曹履泰上奏说：

查粤东夷务林始之而徐终之，两臣皆为英夷所敬畏。去岁林则徐乞假回籍，今春取道江西养疾，使此日英夷顽梗不化，应请旨饬江西抚臣速令林则徐赶紧来京，候陛见后，令其协办夷务，庶几宋朝中国复相司马之意。若精神尚未复原，亦可养疴京中，勿遽回籍。臣知英夷必望风而靡，伎俩悉无可施，可永无宵旰之虑矣。

咸丰也很佩服林则徐，当即下令教林来京。林的运气真好：他病大重，以后不久就死了，他的名誉借此保存了。

第七节　剿夷派崩溃

林则徐死了，徐广缙离开广东去打太平天国去了。在广东负外交重任的是叶名琛，他十分轻视外人，自然不肯退让。在外人方面，他们感觉已得的权利不够，他们希望加开通商口岸。旧有的五口只包括江、浙、闽、粤四省海岸，现在他们要深入长江，要到华北。其次他们要派公使驻北京。此外他们希望中国地方官吏不拒绝与外国公使、领事往来。最后他们要求减轻关税并废除厘金。这些要求除最后一项外，并没有什么严重的性质。但是咸丰年间的中国人反而觉得税收一项倒可通融，至于北京驻使，长江及华北通商及官吏与外人往来各项简直有关国家的生死存亡，绝对不可妥协的。

咸丰四年(1854)，英、美两国联合要求修改条约。当时中国没有外交部，所有的外交都由两广总督办。叶名琛的对付方法就是不交涉，外人要求见他，他也不肯接见。英、美两国的代表跑到江苏去找两江总督，他劝他们回广东去找叶名琛。他们后来到天津，地方当局只允奏请皇帝施恩稍为减免各种税收，其余一概拒绝。总而言之，外人简直无门可入。他们知道要修改条约只有战争一条路。

咸丰六年(1856)，叶名琛派兵登香港注册之亚罗船上去搜海盗，这一举动给了英国人开战的口实。不久，法国传教士马神甫在广西西林被杀，叶名琛不好好处理，又得罪了法国。于是英法联军来和我们算总账。

咸丰七年(1857)冬天,英法联军首先进攻广东,士大夫阶级所依赖的民心竟毫无力量。英、法不但打进广州,而且把总督、巡抚都俘虏了。叶后来被押送印度,死在加尔各答。巡抚柏贵出来做英、法的傀儡维持地方治安,民众不但不抵抗,且帮助英国人把藩台衙门的库银抬上英船。

咸丰八年(1858),英法联军到大沽口。交涉失败,于是进攻。我们迫不得已订《天津条约》,接受英、法的要求。于是英、法撤退军队。

清廷对于北京驻使及长江通商始终不甘心,总要想法挽回,清廷派桂良和花沙纳到上海,名为交涉海关细则,实则想取消《天津条约》。为达到这个目的,清廷准备付出很大的代价。只要英、法放弃北京驻使、长江开通商口岸,清廷愿意以后全不收海关税。幸而桂良及何桂清反对这个办法,所以《天津条约》未得挽回。清廷另一方面派科尔沁亲王僧格林沁在大沽口布防。僧格林沁是当时著名勇将之一,办事极认真。

咸丰九年(1859),英、法各国代表又到大沽口,预备进京去交换《天津条约》的批准证书。他们事先略闻中国要修改《天津条约》,并在大沽口设防,所以他们北上的时候,随带相当海军。到了大沽口,看见海河已堵塞,他们啧啧不平,责中国失信,并派船拔取防御设备,僧格林沁就令两岸的炮台出其不意同时开炮。英、法的船只竟无法抵抗,陆战队陷于海滩的深泥,亦不能登岸。他们只有宣告失败,等国内增派军队。

咸丰九年(1859)的冬季及十年(1860)的春季,正是清廷与太平天国内战最紧急的时候。苏州被太平军包围,危在旦夕。江、浙的官吏及上海、苏州一带的绅士听见北方又与英、法开战,简直惊慌极了,因为他们正竭力寻求英、法的援助来对付太平军。所以他们对北京再三请求抚夷,说明外人兵力之可畏及长江下游局势之险急。清廷虽不许他们求外人的援助,恐怕示弱于人,但外交政策并不因大沽口的胜利而转强硬。北京此时反愿意承认《天津条约》。关于大沽口的战事,清廷的辩护亦极有理。倘使英、法各国代表的真意旨是在进京换约,何必随带重兵?海河既为中国领河,中国自有设防的权利,而这种防御或者是对太平军,并非对外仇视的表示。海河虽阻塞,外国代表尚可在北塘上岸,由陆路进北京。中国根据以上理论的宣传颇生效力。大沽口之役以后,英、法并不坚持要报复、要雪耻,他们只要求赔偿损失及其他不关重要之条约解释与修改。这种《天津条约》以外的要求遂成为咸丰十年(1860)英法联军的起因。

咸丰十年(1860),英、法的军队由侧面进攻大沽口炮台,僧格林沁不能支持,连天津都不守了。清廷又派桂良等出面在天津交涉,额外的要求答应了。但到签字的时候,一则英、法代表要求率卫队进京,二则因为他们以为桂良的全权的证书不合格式,疑他的交涉不过是中国的缓兵之计，所以又决裂了，英、法的军队直向北京推进。清廷改派怡亲王载垣为钦差大臣，在通州交涉。条件又讲好了，但英使的代表巴夏礼在签字之前声明，英使到北京后，必须向中国皇帝面递国书。这是国际间应行的礼节，但那时中国人认为这是外夷的狂悖，其居心叵测，中国绝不能容忍。载垣乃令军队捕拿英、法代表到通州来的交涉人员。这一举激怒外人，战事又起了。

咸丰帝原想“亲统六师，直抵通州，以伸天讨，而张挞伐”。可是通州决裂以后，他就逃避热河，派恭亲王奕䜣留守北京。奕䜣是咸丰的亲弟，这时只二十八岁，他当然毫无新知识。咸丰八年(1858)天津交涉的时候，他竭力反对长江通商。捕拿外国交涉代表最初也是他提议的，所以他也是属于剿夷派的。但他是个有血性的人，且真心为国图谋，他是清朝后百年宗室中之贤者。在道、咸时代，一般士大夫不明天下大势是可原谅的，但是战败以后而仍旧虚骄，如附和林则徐的剿夷派，或是服输而不图振作、不图改革，如附和耆英的抚夷派，那就不可救药了。恭亲王把握政权以后，天下大势为之一变。他虽缺乏魄力，但有文祥做他的助手。文祥虽是亲贵，但他的品格可说是中国文化的最优代表，他为人十分廉洁，最尽孝道。他可以做督抚，但因为有老母在堂，不愿远行，所以坚辞。他办事负责而认真，且不怕别人的批评。我们如细读《文文忠年谱》，我们觉得他真是一个“先天下之忧而忧，后天下之乐而乐”的大政治家。

奕䜣与文祥在元首逃难，京都将要失守的时候，接受大命。他们最初因无外交经验，不免举棋不定。后来把情势看清楚了，他们就毅然决然承认外人的要求，与英、法订立《北京条约》。条约签订以后，英、法退军，中国并没丧失一寸土地。咸丰八年（1858）的《天津条约》和咸丰十年（1860）的《北京条约》是三年的战争和交涉的结果。条款虽很多，主要的是北京驻使和长江通商。历史上的意义不外从此中国与西洋的关系更密切了。这种关系固可以为祸,亦可以为福,看我们振作与否。奕䜣与文祥绝不转头回看,留恋那已去不复回的闭关时代。他们大着胆向前进,到国际生活中去找新出路。我们研究近代史的人所痛心的就是这种新精神不能出现于鸦片战争以后,而出现于二十年后的咸末同初。一寸光阴一寸金,个人如此,民族更如此。

第二章 洪秀全与曾国藩

第一节 旧社会走循环套

第一章已经讨论了道光、咸丰年间自外来的祸患。我们说过那种祸患是不可避免的，因为我们无法阻止西洋科学和机械的势力，使其不到远东来。我们也说过，我们本可以转祸为福，只要我们大胆地接受西洋近代文化，以我们的人力物力，倘若接受了科学机械和民族精神，我们可以与别国并驾齐驱，在国际生活之中，取得极光荣的地位。可是道光时代的人不此之图。鸦片之役虽然败了,他们不承认是败了。主战的剿夷派及主和的抚夷派,在战争之后,正如在战争之前,均未图振作。直到受了第二次战败的教训,然后有人认识时代的不同而思改革。

在没有叙述同治、光绪年间的新建设以前,我们试再进一步地研究道、咸年间中国的内政。在近代史上,外交虽然要紧,内政究竟是决定国家强弱的根本要素。譬如第一次世界大战以前,德国的外交失败了,所以战争也失败了,然而因为德国内政健全,战后尚不出二十年,他又恢复他的地位了,这就是自力更生。

不幸到了十九世纪,我们的社会、政治、经济都已到腐烂不堪的田地。据前清政府的估计,中国的人口在康熙四十年(1701)约有二千万,到了嘉庆五年(1800)增加到三万万。百年之内竟有十五倍的增加!这种估计虽不可靠,然而中国人口在十八世纪有很大的增加,这是毫无疑问的。十七世纪是个大屠杀的世纪，开初有明朝末年的内乱，后又有明、清的交战及清政府有计划地屠杀汉人，如扬州十日及嘉定屠城。我们也不要忘记张献忠在四川的屠杀。近年“中央研究院”发表了很多明、清史料，其中有一件是康熙初年四川某县知事的人口年报，那位县老爷说他那县的人口，在大乱之后，只有九百余人，而在一年之内，老虎又吃了一大半！康熙、雍正、乾隆三朝是大乱之后的大治，于是人口增加。这是中国几千年来的圈套，演来演去，就是圣贤也无法脱逃。

那时的人一方面不知利用科学节制生育，另一方面又不知利用科学增加生产。在大乱之后，大治之初，人口减少，有荒可垦，故人民安居乐业，生活水平略为提高，这是老百姓心目中的黄金时代。后来人口一天多一天，荒地则一天减少一天，而且新垦的地不是土质不好，就是水源不足，于是每人耕地的面积减少，生活程度降低。老百姓莫明其妙，只好烧香拜佛，嗟叹自己的命运不好。士大夫和政府纵使有救世之心,亦无救世之力,只好听天灾人祸自然演化。等到土匪一起,人民更不能生产,于是小乱变为大乱。

中国历史还有一个循环套。每朝的开国君主及元勋大部分起自民间,自奉极薄,心目中的奢侈标准是很低的,而且比较能体恤民间的疾苦,办事亦比较认真,这是内政昌明吏治澄清的时代。后来慢慢地统治阶级的欲望提高,奢侈标准随之提高,因此官吏的贪污亦大大地长进。并且旧社会里,政界是才子唯一的出路,不像在近代文化社会里,有志之士除做官以外,可以经营工商业,可以行医,可以做新闻记者、大学教授、科学家、发明家、探险家、音乐家、美术家、工程师,且都名利两全,其所得往往还在大官之上。有人说:中国旧日的社会很平等,因为官吏都是科举出身,而且旧日的教育是很不费钱的。这种看法,过于乐观。前清一代的翰林,哪一个在未得志以前,曾经下过苦力?我们可以进一步地问,前清一代的翰林,哪一个的父亲曾下过苦力?林则徐、曾国藩是前清有名的贫苦家庭的子弟，但是细考他们的家世，我们就知道他们的父亲是教书先生，不是劳力者。中国旧日的资本家有几个不是做官起家？中国旧日的大商业哪一种没有官吏做后盾，仗官势发财？总而言之，在中国旧日的社会里，有心事业者集中于政界，专心利禄者也都挤在官场里。结果是每个衙门的人员永在增加之中，而衙门的数目亦天天加多。所以每个朝代到了天下太平已久，人口增加很多，民生痛苦的时候，官吏加多，每个官吏的贪污更加厉害，人民所受的压榨也更加严重。

中国到了嘉庆年间已到了循环套的最低点。嘉庆初年所革除的权臣和珅，据故宫博物院所保存的档案，积有私产到九万万两之多，当时官场的情形可想而知。历嘉庆、道光两朝，中国几无日无内乱，最初有湖北、四川、陕西三省白莲教徒的叛乱，后有西北回教徒之乱，西南苗、瑶之乱，同时东南沿海的海盗亦甚猖獗。这还是明目张胆与国家对抗者，至于潜伏于社会的匪徒几乎遍地皆是。道光十五年(1835),御史常大淳上奏说:"直隶、山东、河南向有教匪,辗转传习,惑众敛钱。遇岁歉,白昼伙抢,名曰均粮。近来间或拿办,不断根株。湖南之永州、郴州、桂阳,江西之南安、赣州与两广接壤,均有会匪结党成群,动成巨案。"

西洋势力侵略起始的时候,正是我们抵抗力量薄弱的时候。到了道光年间,我们的法制有名无实,官吏腐败,民生痛苦万分,道德已部分地失其维系力。我们一面须接受新的文化,一面又须设法振兴旧的政教。中华民族在近代所遇着的难关是双重的。

第二节 洪秀全企图建新朝

洪秀全所领导的太平天国运动，就是上一节所讲的那个时代和那种环境的产物。

洪秀全是广东花县人，生于嘉庆十八年，即公元1813年。① 传说他的父亲是个农民，家境穷苦，但他自幼就入村塾读书，到十六岁才辍学，做乡村教师。

①洪秀全生于嘉庆十九年，即公元1814年。此处系作者讹误。

这样似乎他不是出身于中国社会的最下层,他自己并不是个劳力者。他两次到广州去考秀才,两次都失败了,于是心怀怨恨。这是旧社会常有的事,并不出奇。洪秀全经历的特别是他在广州应试的时候,得到耶稣教传教士的宣传品。后来他大病四十多天,病中梦见各种幻象,自说与耶稣教义符合,于是信仰上帝,创立拜上帝会。最早的同志是冯云山,也是一位因考试失败而心怀不平者,他们因为在广东传教不顺利,所以迁移其活动于广西桂平县。

中国自古以来的民间运动都带点宗教性质,西洋中古的时候也是如此。可是洪秀全与基督教发生关系,不过是偶然的事。他的拜上帝教也是个不伦不类的东西,他称耶和华为天父,耶稣为天兄,自为天弟。他奉天父天兄之命来救世,他的命令就是天父天兄的命令。崇拜耶和华上帝者,"无灾无难";不崇拜者,"蛇虎伤人"。他的兵士,如死在战场,就是登仙。孔教、佛教、道教,都是妖术,孔庙及寺观都必须破坏。

洪秀全的拜上帝会吸收了许多三合会的分子。这个三合会是排满的秘密团体，大概是明末清初时代起始的。洪秀全或者早有了种族革命的思想。无论如何，他收了三合会的会员以后，他的运动以推倒清朝为第一目的。他骂满人为妖人。满人之改变中国衣冠和淫乱中国女子（三千粉黛，皆为羯狗所污；百万红颜，竟与骚狐同寝）是洪秀全的宣传品、斥责的最好的对象。

洪秀全除推行宗教革命及种族革命以外，他有社会革命的思想没有？他提倡男女平权，但他的宫廷充满了妃妾，太平天国的王侯将帅亦皆多蓄妻妾。他的诏书中有田亩制度，其根本思想类似原始共产主义："有田共耕，有饭同食，有衣同穿，有钱同使。"但是他的均田主义虽有详细的规定，并未实行。是他不愿实行呢，还是感觉实行困难而不愿试呢？就现在我们所有的史料判断，我们可以说洪秀全对于宗教革命及种族革命是十分积极的，对于社会革命则甚消极。他的党徒除冯云山以外，尚有烧炭的杨秀清，后封东王；耕种山地的萧朝贵，后封西王；曾捐监生与衙门胥吏为伍的韦昌辉，后封北王；及富豪石达开，后封翼王。他的运动当然是个民间运动，反映当时的民间疾苦和迷信，以及潜伏于民间的种族观念。

道光三十年(1850)夏天，洪秀全在广西金田村起兵。九月，占蒙山县(旧名永安)，于是定国号为太平天国，自称天王。清兵进围永安。洪秀全于咸丰二年(1852)春突围，进攻桂林，未得，改围湖南。他在长沙遇到很坚强的抵抗，乃向湘江下游进攻。他在岳州得到吴三桂留下来的军械，并抢夺了不少的帆船。实力补充了以后，他直逼武汉。他虽打下了汉阳、武昌，却不留兵防守，设官立治。他一直向长江下游进攻，沿途攻破了九江、安庆、芜湖，咸丰三年(1853)春打进南京，就定都于此，名叫天京。在定都南京以前，洪秀全的行动类似流寇，定都南京以后，他才开始他的建国工作。

从道光三十年(1850)到咸丰三年(1853),可说是太平天国的顺利时期。在这时期内,社会对洪秀全的运动是怎样应付的呢?一般安分守己的国民不分贫富,是守中立的。太平军到了,他们顺从太平军,贡献金钱;官军到了,他们又顺从官军,又贡献金钱。他们是顺民,其实他们是左右为难的。他们对满清政府及其官吏绝无好感,因为他们平素所受的痛苦也够了。并且官军的纪律不好,在这段时期内,太平军的纪律还比较好一点。同时老百姓感觉太平军是造乱分子,使他们不能继续过他们的平安日子。太平军到处破坏庙宇,毁灭偶像,迷信的老百姓看不惯,心中不以为然。各地的土匪都趁火打劫,太平军所经过的地方,就是他们容易活动的地方。他们干他们的事,对于官军及太平军无所偏倚。有组织的秘密会社则附和太平军,如湖南的哥老会及上海的小刀会。大多数士大夫阶级,积极反对洪秀全的宗教革命。至于排满一层,士大夫不是不知道汉人的耻辱,但是他们一则因为洪秀全虽为汉人，虽提倡种族革命，然竭力破坏几千年来的汉族文化，满人虽是外族，然自始即拥护汉族文化；二则他们觉得君臣之分既定，不好随便作乱，乱是容易的，拨乱反正则是极难的，所以士大夫阶级这时对于种族革命并不热心。

太平军的军事何以在这时期内这样顺利呢？主要原因不是太平军本身的优点。论组织训练，太平军很平常；论军器，太平军尚不及官军；论将才，太平军始终没有出过大将。太平军在此时期内所以能得胜，全因为它是一种新兴的势力，富有朝气，能拼命、能牺牲。官军不但暮气很重，简直腐化不成军了。当时的官军有两种，即八旗和绿营。八旗的战斗力随着满人的汉化、文弱化而丧失了。所以在乾隆、嘉庆年间，清朝用绿营的时候已逐渐加多，用八旗的时候已逐渐减少。到了道光、咸丰年间，绿营已经成了清廷的主力军队，其腐化程度正与一般政界相等。士兵的饷额甚低，又为官长剥削，所以自谋生计，把当兵作为一种副业而已。没有纪律，没有操练，害民有余，打仗则简直谈不到。并且将官之间猜忌甚深，彼此绝不合作。但是绿营在制度上也有一种好处，这种军队虽极端腐化，然是统一的国家的军队，不是个人的私有武力。在道、咸以前，地方大吏没有人敢拥兵自重，与朝廷对抗。私有的武力是太平天国内乱的意外副产品，以后我们要深切地注意它的出世。

第三节　曾国藩刷新旧社会

曾国藩是我国旧文化的代表人物，甚至于理想人物。他生在嘉庆十六年(1811)，比洪秀全大两岁①。他是湖南湘乡人，家世业农。他虽没有下过苦力，但他的教育是从艰难困苦中奋斗出来的。他成翰林的

①洪秀全生于嘉庆十九年(1814)，曾国藩比洪秀全大三岁。此处系作者讹误。

时候,正是鸦片战争将要开始的时候。他的日记虽提及鸦片战争,但似乎不大注意,不了解那次战争的历史意义。他仍埋首于古籍中,是一个实践主义的理学家。无论我们是看他的字,读他的文章,或是研究他的为人办事,我们自然地想起我们乡下那个务正业的小农民。他和小农民一样,一生一世不做苟且的事情。他知道文章学问道德功业都只有汗血才能换得来,正如小农民知道要得一粒一颗的稻麦都非出汗不可。

在咸丰初年,曾国藩官做到侍郎,等于现在的各部次长。他的知己固然承认他的文章道德是特出的,但是他的知己不多,而且少数知己也不知道他有大政治才能,恐怕连他自己也不知道。所以在他的事业起始的时候,他的声望并不高,他也没有政治势力做他的后盾。但是湖南地方上的士大夫阶级承认他的领袖地位。他对洪秀全的态度就是当时一般士大夫的态度,不过比别人更加积极而已。

那时的官兵不但不能打仗，连乡下的土匪都不能对付，所以人民为自卫计，都办团练。这种团练就是民间的武力，是务正业的农民借以抵抗不务正业的游民土匪。这种武力，因为没有官场化，又因为与农民有切身利害关系，保存了我国乡民固有的勇敢和诚实。曾国藩的事业就是利用这种乡勇，而加以组织训练，使它成为一支军队。这就是以后著名的湘军。团练是当时全国皆有的，并不是曾国藩独创的，但是为什么唯独湘军能成大事呢？缘故就在于曾国藩所加的那点组织和训练。

曾国藩治兵的第一个特点是精神教育的注重，他自己十二分相信孔、孟的遗教是中华民族的至宝。洪秀全既然要废孔教，那洪秀全就是他的敌人，也就是全民族的敌人。他的“讨贼檄文”骂洪秀全最激烈的一点就在此：

举中国数千年礼义人伦，诗书典则，一旦扫地荡尽，此岂独我大清之变，乃开辟以来，名教之奇变，我孔子、孟子之所痛哭于九泉，凡读书识字者，又焉能袖手坐视，不思一为之所也？

他是孔孟的忠实信徒，他所选的官佐都是他的忠实同志，他是军队的主帅，同时也是兵士的导师，所以湘军是支有“主义”的军队。其实精神教育是曾国藩终身事业的基础，也是他在中国近代史上地位的特别。他的行政用人都首重主义，他觉得政治的改革必须先有精神的改革。前清末年的官吏，出自曾文正门下者，皆比较正派，足见其感化力之大。

曾国藩不但利用中国的旧礼教作为军队的精神基础，而且利用宗族观念和乡土观念来加强军队的团结力。他选的官佐几全是湖南人，而且大半是湘乡人。这些官佐都回本地去招兵，因此兵士都是同族或同里的人。这样他的部下的互助精神特别浓厚。这是湘军的第二特点。

历史上的精神领袖很少同时也是事业领袖，因为注重精神者往往忽略事业的具体条件。在西洋社会里，这两种领袖资格是完全分开的。管教者不必管事，管事者不必管教。在中国则不然：中国社会几千年来是政教不分，官师合一的。所以在中国，头等领袖必须兼双层资格。曾国藩虽注重为人，并不忽略做事。这是他特别的第三点。当时绿营之所以不能打仗，缘故虽多，其中之一是待遇太薄。曾氏在起始办团练的时候，就决定每月陆勇发饷四两二钱，水勇发三两六钱，比绿营的饷额加一倍。湘军在待遇上享有特殊权利。湘军作战区域是长江沿岸各省，在此区域内水上的优势很能决定陆上的优势，所以曾国藩自始就注重水师。关于军器，曾氏虽常说打仗在人不在器，然而他对军器的制造，尤其对于大炮的制造，是很费苦心的。他用尽心力去罗致当时的技术人才，对于兵士的操练也十分认真，他自己常去督察检阅。他不宽纵他的军官，也不要军官宽纵他的部下。

曾国藩的事业，如同他的学问，也是从艰难困苦中奋斗出来的。他要救旧社会、旧文化，而那个旧社会、旧文化所产生的官僚反要和他捣乱。他要维持清政府，但清政府反而嫉妒他、排斥他。他在长沙练勇的时候，旧时的官兵恨他的新方法、新标准，几乎把他打死了，他逃到衡州去避乱。他最初的一战是个败仗，他投水自尽，幸而被部下救起来。他练兵打仗，同时他自己去筹饷。以后他成了大事，并不是因为清政府和官僚自动地把政权交给他，是因为他们的失败迫着他们求曾国藩出来任事，迫着他们给他个做事的机会和权力。

第四节 洪秀全失败

洪秀全得了南京以后，我们更能看出他的真实心志不在建设新国家或新社会，而在建设新朝代。他深居宫中，务求享受做皇帝的福，对于政事则不放在心上。宫廷的建筑，宫女的征选，金银的聚敛，官制宫制的规定，这些事情是太平天王所最注意的。他的宗教后来简直变为疯狂的迷信。杨秀清向他报告国事的困难，他回答说：

朕奉上帝圣旨、天兄耶稣圣旨，下凡作天下万国独一真主，何惧之有？不用尔奏，政事不用尔理，欲出外住，欲在京住，由于尔。朕铁桶江山，你不扶，有人扶。尔说无兵，朕之天兵多过于水，何惧曾妖（国藩）乎？

快要灭亡的时候，南京绝粮，洪秀全令人民饮露充饥，说露是天食。

这样的领袖不但不能复兴民族，且不能作为部下团结的中心。在咸丰六年(1856)，洪秀全的左右起了很大的内讧。东王杨秀清个人独掌大权，其他各王都须受东王的节制。照太平天国的仪式，天王称万岁，东王称九千岁，西王八千岁，余递减。别的王都须到东王府请安议事，并须跪呼千岁。在上奏天王的时候，东王立在陛下，其余则跪在陛下，因此杨秀清就为其同辈所愤恨。同时天王也怕他要取而代之。咸丰六年九月，北王韦昌辉设计诱杀杨秀清和他的亲属党羽。翼王石达开心怀不平，北王又把翼王家属杀了。

天王为联络翼王起见，下令杀北王，但翼王以后还是独树一帜，与天王脱离关系。经过此次的内讧，太平天国打倒清政府的希望完全消灭。以后洪秀全尚能抵抗八年，一则因为北方有大股捻匪做他的声援，二则因为他得了两个后起的良将——忠王李秀成和英王陈玉成。

在清政府方面，等到别人都失败了，然后重用曾国藩，任他为两江总督，节制江、浙、皖、赣四省军事。湖北巡抚胡林翼是与他志同道合的，竭力与他合作。他的亲弟曾国荃是个打硬仗的前线指挥。以后曾国藩举荐他的门生李鸿章做江苏巡抚，他的朋友左宗棠做浙江巡抚。长江的中游和下游都是他的势力范围，他于是得通盘筹划。他对于洪秀全采取大包围的战略，同时英、美、法三国也给了曾、左、李三人不少的帮助。同治三年(1864)湘军在曾国荃领导之下打进南京，洪秀全自杀，太平天国就此亡了。

洪秀全想打倒清政府，恢复汉族的自由，这当然是我们应该佩服的。他想平均地权，虽未实行，也足表现他有相当政治家的眼光。他的运动无疑的是起自民间，连他的宗教也是迎合民众心理的。但是他的人格上及才能上的缺点很多而且很大，倘若他成了功，他也不能为中华民族造幸福。总而言之，太平天国的失败，证明中国旧式的民间运动是不能救国救民族的。

曾国藩所领导的士大夫式的运动又能救国救民族吗？他救了清政府，这是毫无疑问的。但是清政府并不能救中国，倘若他客观地诚实地研究清朝在嘉庆、道光、咸丰三代的施政，他应该知道清政府是不可救药的。他未尝不知道此中实情，所以平定太平天国以后，他的态度反趋于消极了。平心而论，曾国藩要救清政府是很自然的，可原谅的。第一，中国的旧礼教既是他的立场，而且士大夫阶级是他的凭依，他不能不忠君。第二，他想清廷经过大患难之后，必能有相当觉悟。事实上同治初年的北京，因为有恭亲王及文祥二人主政，似乎景象一新，颇能有为。所以嘉、道、咸三代虽是多难的时代，同治年间的清朝确有中兴的气象。第三，他怕清政府的灭亡要引起长期的内乱。他是深知中国历史的，中国几千年来，每次换过朝代，总要经过长期的割据和内乱，然后天下得统一和太平。在闭关自守、无外人干涉的时代，内战虽给人民无穷的痛苦，尚不至于亡国。到了十九世纪，有帝国主义者绕环着，长期的内战就能引起亡国之祸，曾国藩所以要维持清政府，最大的理由在此。

在维持清政府作为政治中心的大前提之下，曾国藩的工作分两方面进行：一方面他要革新，那就是说，他要接受西洋文化的一部分；另一方面他要守旧，那就是说，恢复中国固有的美德。革新守旧同时举行，这是曾国藩对中国近代史的大贡献。我们至今还佩服曾文正公，就是因为他有这种伟大的眼光。徒然恢复中国的旧礼教而不接受西洋文化，我们还不能打破中华民族的大难关，因为我们绝不能拿礼义廉耻来抵抗帝国主义者的机械军器和机械制造。何况旧礼教本身就有它的不健全的地方，不应完全恢复，也不能完全恢复呢？同时徒然接受西洋文化而不恢复中国固有的美德，我们也不能救国救民族，因为腐化的旧社会和旧官僚根本不能举办事业，无论这个事业是新的，或是旧的。

曾国藩的革命事业，我们留在下一章讨论。他的守旧事业，我们在前一节里已经说过。现在我们要指出他的守旧事业的流弊。湘军初起的时候，精神、纪律均好，战斗力也高。后来人数多了，事业大了，湘军就退化了。收复南京以后，曾自己就承认湘军暮气很深，所以他遣散了好多。足证中国治军的旧法根本是有毛病的。此外湘军既充满了家族观念和家乡观念，兵士只知道有直接上级长官，不知道有最高统帅，更不知道有国家。某次，曾国荃回家乡去招兵，把原有的部队交曾国藩暂时管带，这些部队就不守规矩。国藩没有法子，只好催国荃赶快回营。所以湘军是私有军队的开始。湘军的精神以后传给李鸿章所部的淮军，而淮军以后又传给袁世凯的北洋军。我们知道民国以来的北洋军阀利用私有的军队割据国家，阻碍统一。追究其祸根，我们不能不归咎于湘军。于此也可看出旧法子的毛病。

第三章

自强及其失败

第一节　内外合作以求自强

恭亲王及文祥从英法联军的经验得了三种教训：第一，他们确切地认识到西洋的军器和练兵的方法远在我们之上。咸丰十年（1860），担任京、津防御者的是僧格林沁和胜保，这两人在当时是有名的大将。他们惨败了以后，时人只好承认西洋军队的优胜。第二，恭亲王及文祥发现西洋人不但愿意卖军器给我们，而且愿意把制造军器的秘密及训练军队的方法教给我们，这颇出于时人意料之外。他们认为这是我们自强的机会。第三，恭亲王及文祥发现西洋人并不是他们以前所想象的那样，"狼子野心，不守信义"。英、法的军队虽然占了北京，并且实力充足，能为所欲为，但《北京条约》订了以后，英、法居然依据条约撤退军队，交还首都。时人认为这是了不得的事情，足证西洋人也守信义，所以对付外人并不是全无办法的。

从这三种教训，恭亲王及文祥定了一个新的大政方针：第一，他们决定以夷器和夷法来对付夷人。换句话说，他们觉得中国应该接受西洋文化之军事部分。于是他们买外国军器，请外国教官。他们说，这是中国的自强之道。第二，他们知道自强不是短期内所能实现的。在自强没有达到预期的程度以前，中国应该谨守条约以免战争。恭亲王及文祥都是有血性的人，下了很大的决心要推行他们的新政。在国家危急的时候，他们敢于出来与外人周旋，并且专靠外交的运用，居然收复了首都。时人认为这是他们的奇功。并且恭亲王是咸丰的亲弟、同治的亲叔。他们的地位是全朝最亲贵的,有了他们的决心和资望,他们在京内成了自强运动的中心。

同时在京外的曾国藩、左宗棠、胡林翼、李鸿章诸人也得着同样的教训,最初使他们注意的是外人所用的轮船,在长江下游私运军火、粮食卖给太平军。据说胡林翼在安庆曾有过这样的经验:

驰至江滨,忽见二洋船,鼓轮西上,迅如奔马,疾如飘风,文忠(胡)变色不语,勒马回营,中途呕血,几至堕马,阎丹初尚书向在文忠幕府,每与文忠论及洋务,文忠辄摇手闭目,神色不悦者久之,曰:此非吾辈所能知也。

可见轮船给胡文忠印象之深。曾、左、李大致相同。曾在安庆找了几位明数理的旧学者和铁匠、木匠去试造轮船,造成了以后不能行动。左在杭州做了同样的试验,得同样的结果。足证这般人对于西洋机械的注重。

在长江下游作战的时候，太平军和湘军、淮军都竞买洋枪。李鸿章设大本营于上海，与外人往来最多，认识西洋文化亦比较深切，他的部下还有英国军官戈登(Gordon)统带的常胜军。他到了上海不满一年，就写信给曾国藩说：

鸿章尝往英、法提督兵权(船)，见其大炮之精纯，子药之细巧，器械之鲜明，队伍之雄整，实非中国所能及。……深以中国军器远逊外洋为耻，日戒谕将士虚心忍辱，学得西人一二秘法，期有增益。……若驻上海久而不能资取洋人长技，咎悔多矣。

同治三年(1864)他又写给恭亲王和文祥说：

鸿章窃以为天下事穷则变，变则通。中国士大夫沉浸于章句小楷之积习，武夫悍卒又多粗蠢而不加细心，以致用非所学，学非所用。无事则斥外国之利器为奇技淫巧，以为不必学；有事则惊外国之利器为变怪神奇，以为不能学。不知洋人视火器为身心性命之学者已数百年。一旦豁然贯通，参阴阳而配造化，实有指挥如意，从心所欲之快。……前者英、法各国，以日本为外府，肆意诛求。日本君臣发愤为雄，选宗室及大臣子弟之聪秀者，往西国制器厂师习各艺，又购制器之器，在本国制习。现在已能驾驶轮船，造放炸炮。去年英人虚声恫愒，以兵临之。然英人所恃而为攻战之利者，彼已分擅其长，用是凝然不动而英人固无如之何也。夫今之日本即明之倭寇也，距西国远而距中国近。我有以自立，则将附丽于我，窥伺西人之短长；我无以自强，则并效尤于彼，分西人之利薮。日本以海外区区小国，尚能及时改辙，知所取法。然则我中国深维穷权而通之故，夫亦可以皇然变计矣。……杜挚有言曰：利不百，不变法；功不十，不易器。苏子瞻曰：言之于无事之时，足以为名，而恒苦于不信；言之于有事之时，足以见信，而已苦于无及。鸿章以为中国欲自强则莫如学习外国利器。欲学习外国利器则莫如觅制器之器，师其法而不必尽用其人。欲觅制器之器，与制器之人，则我专设一科取士，士终身悬以为富贵功名之鹄，则业可成，业可精，而才亦可集。

这封信是中国十九世纪最大的政治家最具历史价值的一篇文章。我们应该再三诵读。第一，李鸿章认定中国到了十九世纪唯有学西洋的科学机械然后能生存。第二，李鸿章在同治三年(1864)已经看清中国与日本孰强孰弱，要看哪一国变得快。日本明治维新运动的世界的、历史的意义，他一下就看清了，并且大声疾呼要当时的人猛醒与努力。这一点尤足以表现李鸿章的伟大。第三，李鸿章认定改革要从培养人才下手，所以他要改革前清的科举制度。不但此也，他简直要改革士大夫的人生观。他要士大夫放弃章句小楷之积习，而把科学工程悬为终身富贵的鹄的。因为李鸿章认识时代之清楚，所以他成了同治、光绪年间自强运动的中心人物。

在我们这个社会里，做事极不容易。同治年间起始的自强运动，虽未达到目的，然而能有相当的成绩，已经费了九牛二虎之力。倘若当时没有恭亲王及文祥在京内主持，没有曾国藩、李鸿章、左宗棠在京外推动，那么，英法联军及太平天国以后的中国还要麻木不仁，好像鸦片战争以后的中国一样。所以我们要仔细研究这几位时代领袖人物究竟做了些什么事业。

第二节　步步向前进

自强的事业颇多,我先择其要者列表于下:

咸丰十一年(1861)　恭亲王及文祥聘请外国军官训练新军于天津。

同年　恭亲王和文祥设立同文馆于北京,是为中国新学的起始。

同年　恭亲王和文祥托总税司赫德(Robert Hart)购买炮舰,聘请英国海军人员来华创设新水师。

同治二年(1863)　李鸿章设外国语文学校于上海。

同治四年(1865)　曾国藩、李鸿章设江南机器制造局于上海,附设译书局。

同治五年(1866)　左宗棠设造船厂于福州,附设船政学校。

同治九年(1870)　李鸿章设机器制造局于天津。

同治十一年(1872)　曾国藩、李鸿章挑选学生赴美国留学。

同年　李鸿章设轮船招商局。

光绪元年(1875)　李鸿章筹办铁甲兵船。

光绪二年(1876)　李鸿章派下级军官赴德学陆军,船政学生赴英、法学习造船和驾船。

光绪六年(1880)　李鸿章设水师学堂于天津,设电报局,请修铁道。

光绪七年(1881)　李鸿章设开平矿务局。

光绪八年(1882)　李鸿章筑旅顺军港,创办上海机器制布厂。

光绪十一年(1885)　李鸿章设天津武备学堂。

光绪十三年(1887)　李鸿章开办黑龙江漠河金矿。

光绪十四年(1888)　李鸿章成立北洋海军。

以上全盘建设事业的动机是国防,故军事建设最多。但我们如仔细研究就知道国防的近代化牵连甚多。近代化的军队第一需要近代化的军器,所以有江南及天津两个机械制造厂的设立。那两个厂实际大部分是兵工厂。第二,新式军器必须有技术人才去使用,所以设武备学堂和派遣军官出洋留学。第三,近代化的军队必须有近代化的交通,所以有造船厂和电报局的设立,及铁路的建筑。第四,新式的国防比旧式的费用要高几倍。以中古的生产来负担近代的国防是绝对不可能的,所以李鸿章要办招商局来经营沿江沿海的运输,创立制布厂来挽回权利,开煤矿、金矿来增加收入。自强运动的领袖们并不是事前预料到各种需要而订一个建设计划。他们起初只知道国防近代化的必要,但是他们在这条路上前进一步以后,就发现必须再进一步；再进一步以后，又必须更进一步，其实必须走到尽头然后能生效。近代化的国防不但需要近代化的交通、教育、经济，并且需要近代化的政治和国民，半新半旧是不中用的。换句话说，中国到了近代要图生存非全盘接受西洋文化不可。曾国藩诸人虽向近代化方面走了好几步，但是他们不彻底，仍不能救国救民族。

第三节 前进遇着阻碍

曾国藩及其他自强运动的领袖虽走的路线不错，然而他们不能救国救民族。此其故何在？在于他们的不彻底。他们为什么不彻底呢？一部分因为他们自己不要彻底，大部分因为时代不容许他们彻底。我们试先研究领袖们的短处。

恭亲王奕䜣、文祥、曾国藩、李鸿章、左宗棠这五个大领袖都出身于旧社会，受的是旧教育。他们没有一个人能读外国书，除李鸿章以外，没有一个人到过外国。就是李鸿章的出洋尚在甲午战败以后，他的建设事业已经过去了。这种人能毅然决然推行新事业就了不得，他们不能完全了解西洋文化是自然的，很可原谅的。他们对于西洋的机械是十分佩服的，十分努力要接受的。他们对于西洋的科学也相当尊重，并且知道科学是机械的基础。但是他们自己毫无科学机械的常识，此外更不必说了。他们觉得中国的政治制度及立国精神是至善至美，无须学西洋的。事实上他们的建设事业就遭了旧的制度和旧的精神的阻碍。我们可以拿李鸿章的事业做例子。

李鸿章于同治九年(1870)起始做直隶总督兼北洋大臣。因为当时要人之中以他最能对付外人，又因为他比较勇于任事，而且他的淮军是全国最近代化最得力的军队，所以从同治九年(1870)到光绪二十年(1894)的中日战争，李鸿章是那个时代的中心人物。国防的建设全在他手里。他特别注重海军，因为他看清楚了，如果中国能战胜日本海军，无论日本陆军如何强，不能进攻高丽，更不能危害中国。那么，李鸿章办海军第一个困难是经费。经费所以困难就是因为中国当时的财政制度，如同一般的政治制度，是中古式的。中央政府没有办海军的经费，只好靠各省协济。各省都成见很深，不愿合作。在中央求各省协助的时候，各省务求其少；认定了以后，又不能按期十足拨款，总要延期打折扣。其次，当时皇室用钱漫无限制，而且公私不分。同治死了以后，没有继嗣，于是西太后选了一个小孩子做皇帝，年号光绪，而实权还是在西太后手里。等到光绪快要成年亲政的时候，光绪和他的父亲醇亲王奕譞怕西太后不愿意把政权交出来，醇亲王定计重修颐和园，一则以表示光绪对西太后的孝敬，一则使西太后沉于游乐就不干政了。重修颐和园的经费很大，无法筹备，醇亲王乃请李鸿章设法。李氏不敢得罪醇亲王，更不敢得罪西太后，只好把建设海军的款子移作重修颐和园之用。所以在甲午之战以前的七年，中国海军没有添订过一只新船。在近代政治制度之下，这种事情是不能发生的。

在李鸿章所主持之机关中并没有新式的文官制度和审计制度。就是在极廉洁极严谨的领袖之下，没有良好的制度，贪污尚且无法杜绝，何况李氏本人就不廉洁呢？在海军办军需的人经手的款项既多，发财的机会就更大。到了甲午战争的时候，我们船上的炮虽比日本的大，但炮弹不够，并且子弹所装的不尽是火药。外商与官吏狼狈为奸，私人发了财，国事就败坏了。

李鸿章自己的科学知识的幼稚也是他的事业失败的缘故之一。北洋海军初成立的时候，他请了英国海军有经验的军官做总教官和副司令。光绪十年(1884)左右，中国海军纪律很严，操练很勤，技术的进步很快，那时中国的海军是很有希望的。后来李鸿章误听人言，辞退英国海军的军官而聘请德国陆军骑兵的军官来做海军的总教官，以后中国的海军的技术反而退步。并且李鸿章所用的海军总司令是个全不知海军的丁汝昌,丁氏原是淮军带马队的。他做海军的领袖当然只能误事,不能成事。甲午战争的时候,中国海军占世界海军的第八位,日本的海军占第十一位。我们的失败不是因为船不如人、炮不如人,为战略战术不如人。

北洋海军的情形如此,其他的自强事业莫不如此。总之,同治、光绪年间的自强运动所以不能救国,不是因为路线错了,是因为领袖人物还不够新,所以不能彻底。

但是倘若当时的领袖人物更新,更要进一步地接受西洋文化,社会能容许他们吗?社会一定要给他们更大的阻碍。他们所行的那种不彻底的改革已遭一般人的反对,若再进一步,反对一定更大。譬如铁路:光绪六年(1880)李鸿章、刘铭传奏请修建,到了光绪二十年(1894)还只修建天津附近的一小段。为什么呢?因为一般人相信修铁路就破坏风水。又譬如科学:同治五年(1866)恭亲王在同文馆添设科学班,请外国科学家做教授,招收翰林院的人员做学生。他的理由是很充足的。他说买外国轮船枪炮不过一时权宜之计,治本的办法在于自己制造。但是要自己制造,非有科学的人才不可,所以他想请外国人来教中国青年学习科学。他又说:

夫天下之耻,莫耻于不若人……日本蕞尔小国尚知发愤为雄。独中国狃于因循积习,不思振作,耻孰甚焉?今不以不如人为耻,而独以学其人为耻,将安于不如,而终不学,遂可雪其耻乎?

他虽说得名正言顺,但还有人反对。当时北京有位名高望重的大学士倭仁就大声疾呼地反对说:

窃闻立国之道,尚礼义不尚权谋;根本之图在人心,不在技艺。今求之一艺之末,而又奉夷人为师。无论夷人诡谲,未必传其精巧,即使教者诚教,所成就者不过术数之士。古今来未闻有恃术数而能起衰振弱者也。天下之大,不患无才。如以天文算学必须讲习，博采旁求必有精其术者，何必夷人？何必师事夷人？

恭亲王愤慨极了，他回答说：

该大学士既以此举为窒碍，自必别有良图。如果实有妙策，可以制外国而不为外国所制，臣等自当追随大学士之后，竭其梼昧，悉心商办。如别无良策，仅以忠信为甲胄，礼义为干橹等词，谓可折冲樽俎，足以制敌之命，臣等实未敢信。

倭仁不过是守旧的糊涂虫，但是当时的士大夫居然听了他的话，不去投考同文馆的科学班。

同治、光绪年间的社会，如何反对新人新政，我们从郭嵩焘的命运可以更加看得清楚。郭氏的教育及出身和当时一般士大夫一样，并无特别。但是咸丰末年英法联军之役，他跟着僧格林沁在大沽口办交涉，有了那次经验，他根本觉悟，知道中国非彻底改革不可。他的觉悟还比恭亲王诸人的更深刻。据他的研究，我们在汉、唐极盛时代固常与外族平等往来；闭关自守而又独自尊大的哲学，是南宋势力衰弱时代的理学先生们提倡出来的，绝不足以为训。同治初年，江西南昌的士大夫群起毁教堂，杀传教士。巡抚沈葆桢（林则徐的女婿）称赞士大夫的正气，郭嵩焘则斥责沈氏顽固。郭氏做广东巡抚的时候，汕头的人像以前广州人，不许外国人进城。他不顾一切，强迫汕头人遵守条约，许外国人进城。光绪元年（1875）云贵总督岑毓英因为反对英国人进云南，秘密在云南、缅甸边境上把英国使馆的翻译官杀了。郭嵩焘当即上奏弹劾岑毓英。第二年，政府派他出使英、法。中国有公使驻外从他起。他在西欧的时候，努力研究西洋的政治、经济、社会。他觉得不但西洋的轮船枪炮值得我们学习，就是西洋的政治制度和一般文化都值得学习。他发表了他的日记，送给朋友们看。他常写信给李鸿章，报告日本派到西洋的留学生不限于机械一门，学政治、经济的都有。他劝李鸿章扩大留学范围。他的这些超时代的议论，引起了全国士大夫的谩骂。

他们说郭嵩焘是个汉奸,“有二心于英国”。湖南的大学者如王闿运之流撰了一副对子骂他:

出乎其类,拔乎其萃,不容于尧舜之世。

未能事人,焉能事鬼,何必去父母之邦。

王闿运的日记还说:“湖南人至耻与为伍。”郭嵩焘出使两年就回国了。回国的时候,没有问题,他是全国最开明的一个人,他对西洋的认识远在李鸿章之上。但是时人反对他,他以后全无机会做事,只好隐居湖南从事著作。他所著的《养知书屋文集》至今尚有披阅的价值。

继郭嵩焘做驻英、法公使的是曾纪泽。他在外国五年多,略识英语。他的才能、眼光与郭嵩焘等。因为他运用外交,从俄国收回伊犁,他是国际有名的外交家。他回国的时候抱定志向要推进全民族的近代化。但是他也遭时人的反对,找不着机会做事,不久就气死了。

同治、光绪时代的士大夫阶级的守旧既然如此,民众是否比较开通？其实民众和士大夫阶级是同鼻孔出气的。我们近六十年来的新政都是自上而下，并非由下而上。一切新的事业都是由少数先知先觉者提倡，费尽苦心，慢慢地奋斗出来的。在甲午以前，这少数先知先觉者都是在朝的人。甲午以后，革新的领袖权慢慢地转到在野的人手里，但是这些在野的领袖都是知识分子，不是民众。严格说来，民众的迷信是我民族近代接受西洋文化的大阻碍之一。

第四节 士大夫轻举妄动

在同治、光绪年间，民众的守旧虽在士大夫阶级之上，但是民众是被动的，领导权、统治权是在士大夫阶级手里。不幸，那个时代的士大夫阶级，除极少数外，完全不了解当时的世界大势。

同治共在位十三年，从一八六二年到一八七四年。在这个时期内，德意志统一了，意大利统一了，美国的中央政府也把南方的独立运动消灭，恢复而又加强美国的统一了。那个时期是民族主义在西洋大成功的时期。这些国家统一了以后,随着就是国内的大建设和经济的大发展。在同治以前,列强在国外行帝国主义的,仅英、俄、法三国。同治以后,加了美、德、意三国。竞争者多了,竞争就愈厉害。并且在同治以前,英国是世界上唯一的工业化国家,全世界都销英国的制造品。同治以后,德、美、法也逐渐工业化、资本化了。国际上除了政治势力的竞争以外,又有了新起的热烈的经济竞争。中国在光绪年间处境的困难远在道光、咸丰年间之上。

帝国主义是我们的大敌人。同治、光绪年间如此,现在还是如此。要救国的志士应该人人了解帝国主义的真实性质,帝国主义与资本主义是有关系的。关系可以说有三层:第一,资本主义的国家贪图在外国投资。国内的资本多了,利息就低。譬如,英、美两国资本很多,资本家能得百分之四的利息就算很好了。但是如果英、美的资本家能把资本投在中国或印度或南美洲，年利很容易达到百分之七或更高些。所以英、美资本家竞相向未开发的国家投资。但是接受外国来的资本不一定有害，英、美的资本家也不一定有政治野心。美国在十九世纪的下半期的建设大部分是利用英国资本举办的。结果英国的资本家固然得了好处，但是美国开辟了富源，其人民所得的好处更多。我们的平汉铁路原是借比利时的资本修建的，后来我们按期还本付息，那条铁路就变为我们的了。比利时资本家得了好处，我们得了更大的好处。所以孙中山先生虽反对帝国主义，但他赞成中国利用外债来建设。但是有些资本家要利用政治的压力去得投资的机会，还有政治野心家要用资本来扩充政治势力。凡是国际投资有政治作用的就是侵略的、帝国主义的。凡是国际投资无政治作用的就是纯洁的，投资者与受资者两方均能收益。所以我们对于外国的资本应采取的态度如同对水一样，有的时候、有的地方，在某种条件之下，我们应该掘井取水，或开河引水；在别的时候、地方和条件之下，我们则必须筑堤防水。

帝国主义与资本主义的第二层关系是商业的推销。资本主义的国家都利用机械制造，工厂规模愈大出品愈多，得利就更厚。困难在市场。各国竞争市场原可以专凭商品之精与价格之廉，不必靠武力的侵略或政治的压力。但在十九世纪末年，国际贸易的自由一天少一天。各国不但提高本国的关税，并且提高属地的关税。这样一来，商业的发展随着政权的发展，争市场等于争属地。被压迫的国家，一旦丧失关税自主，就永无发展工业的可能。虽然，国际贸易大部分还是平等国家间之贸易，不是帝国与属地之间的贸易。英国与美、德、法、日诸国的贸易额，远大于英国与其属地的贸易额。英国的属地最多，尚且如此，别国更不必说了。

帝国主义与资本主义的第三层关系是原料的寻求。世界上没有一国完全不靠外来的原料。最富有原料的国家如英、美、俄尚且如此，别的国家所需的外来原料更多。日本及意大利是最穷的。棉、煤、铁、油四种根本的原料，日、意都缺乏。德国较好，但仍不出棉和石油。那么，一国的工厂虽多，倘若没有原料，就会完全没有办法。所以帝国主义者，因为要找工业的原料，就大肆侵略。虽然，资本主义不一定要行帝国主义而后始能得到原料。同时，出卖原料者不一定就是受压迫者。譬如美国的出口货之中，石油和棉花是大宗。日本、德国、意大利从美国输入石油和棉花，不能、也不必行帝国主义，因为美国不但不禁止石油和棉花的出口，且竭力推销。

总之，资本主义可变为帝国主义，也可以不变为帝国主义。未开发的国家容易受资本主义国家的压迫和侵略，也可以利用外国的资本来开发自己的富源，及利用国际的通商来提高人民的生活程度。资本主义如同水一样：水可以灌溉，可以便利交通，也可以成灾，要看人怎样对付。

同时，我们不要把帝国主义看得过于简单，以为世界上没有资本主义就没有帝国主义了。七百年以前的蒙古人还在游牧时代，无资本也无工业，但是他们对中国的侵略，还在近代资本主义国家之上。三百年以前的满洲人也是如此。在西洋方面，中古的阿拉伯人以武力推行伊斯兰教，大行其宗教的帝国主义。十八世纪末年法国革命家以武力强迫外国接受他们的自由平等，大行其革命的帝国主义。据我们所知，历史上各种政体，君主也好，民主也好，各种社会经济制度，资本主义也好，封建主义也好，都有行帝国主义的可能。

同治、光绪时代的士大夫完全不了解时代的危险及国际关系的运用，他们只知道破坏李鸿章诸人所提倡的自强运动。同时他们又好多事。倘若政府听他们的话，中国几无年无日不与外国打仗。

长江流域有太平天国之乱的时候，北方有捻匪，陕、甘、新疆有回乱，清廷令左宗棠带湘军去收复西北。俄国趁我回乱的机会就占领了伊犁，这是俄国趁火打劫的惯技。在十九世纪，俄国占领我们的土地最多。咸丰末年，俄国趁太平天国之乱及英法联军，强占中国黑龙江以北及乌苏里以东的地方，共八十万平方公里。现在俄国的阿穆尔省及滨海省包括海参崴在内，就是那次抢夺过去的。在同治末年，俄国占领新疆西部，清廷提出抗议的时候，俄国又假仁假义地说，他全无领土野心，他只代表我们保守伊犁，等到我们平定回乱的时候，他一定把土地退还给我们。其实俄国预料清廷绝不能平定回乱，清廷势力绝不能再伸到新疆。那么俄国不但可以并吞伊犁，还可以蚕食全新疆。中国一时没有办法，只好把伊犁作为中、俄间的悬案。

左宗棠军事的顺利不但出于俄国意料之外，还出于我们自己的意料之外。他次第把陕西、甘肃收复了。到了光绪元年(1875)，他准备进攻新疆，军费就成了大问题。从道光三十年(1850)洪秀全起兵到光绪元年(1875)，二十五年之间，中国无时不在内乱内战之中,实已兵疲力尽,何能再经营新疆呢?并且交通不便,新疆民族复杂,面积浩大,成败似乎毫无把握。于是发生大辩论,左宗棠颇好大喜功,他一意主进攻。他说祖宗所遗留的土地,子孙没有放弃的道理。他又说倘若新疆不保,陕、甘就不能保;陕、甘不保,山西就不能保;山西不保,河北就不能保。他的理由似乎充足,言论十分激昂。李鸿章的看法正与左的相反。李说自从乾隆年间占领新疆以后,中国没有得着丝毫的好处,徒费驻防的兵费。这是实在的情形。他又说中国之大祸不在西北,而在东边沿海的各省,因为沿海的省份是中国的精华,而且帝国主义者的压迫在东方的过于在西方的。自从日本维新以后,李鸿章更加焦急。他觉得日本是中国的真敌,因为日本一心一意谋我,他无所图,而且相隔既近,动兵比较容易。至于西洋各国,彼此互相牵制,向外发展不限于远东,相隔又远,用兵不能随便。李鸿章因此主张不进攻新疆,而集中全国人力物力于沿海的国防及腹地各省的开发。边省虽然要紧，但是腹地倘有损失，国家大势就去了。反过来说，倘若腹地强盛起来，边省及藩属自然就保存了。左宗棠的言论比较动听，李的比较合理；左是高调，李是低调。士大夫阶级一贯地尚感情、唱高调，当然拥护左宗棠。于是借外债，移用各省的建设费，以供左宗棠进攻新疆之用。

左宗棠的运气真好，因为新疆发生了内讧，并没有遇着坚强的抵抗。光绪二年(1876)年底，他把全疆克服了。中国乃派崇厚为特使，到俄国去交涉伊犁的退还。崇厚所订的条约虽收复了伊犁城，但城西的土地几全割让与俄国，南疆及北疆之交通险要区亦割让。此外，崇厚还许了很重要的通商权利，如新疆加设俄国领事馆，经甘肃、陕西到汉口的通商路线，及吉林、松花江的航行权。士大夫阶级主张杀崇厚，废约，并备战。这正是青年言论家如张之洞、张佩纶、陈宝琛初露头角的时候。清廷竟为所动，于是脚慌手忙，调兵遣将，等到实际备战的时候，政府就感觉困难了。

第一，从伊犁到高丽东北角的图们江止，沿中俄的交界线处处都要设防。哪里有这么多军队呢？首当其冲的左宗棠在新疆的部队，就太疲倦，不愿打仗。第二，俄国远东舰队故作声势，从海参崴开到日本洋面。中国因此又必须于沿海沿长江设防。清廷乃起用彭玉麟督长江水师来对付俄国的海军。彭玉麟想满载桐油木柴到日本洋面去施行火攻。两汉总督刘坤一和他开玩笑，说时代非三国，统帅非孔明，火攻之计恐怕不行呢！李鸿章看见书生误国，当然极为愤慨。可是抗战的情绪很高，他不敢公开讲和。他只好使用手段，把英国有名的军官戈登将军请来做军事顾问。戈登是个老实人，好说实话。当太平天国的末年，他曾带所谓常胜军立功不少。所以清廷及一般士大夫颇信任他。他的意见怎样呢？他说，中国如要对俄作战，必须做三件事：一、迁都于西安；二、长期抗战至少十年；三、满人预备放弃政权，因为在长期战争之中，清政府政权一定不能维持。清廷听了戈登的意见以后，乃决心求和。我国近代史的一幕滑稽剧才因此没有开演。

幸而俄国在光绪三、四年(1877－1878)的时候，正与土耳其打仗，与英国的关系也很紧张，所以不愿多事。又幸而中国当时有青年外交家曾纪泽，以极冷静的头脑和极坚强的意志，去贯彻他的主张。原来崇厚所订的条约并没有奉政府的批准，尚未正式成立，曾纪泽运用外交得法，挽回了大部分的通商权利及土地，但偿价加倍，共九百万卢布。英国驻俄大使称赞曾纪泽说："凭外交从俄国取回他已占领的土地，曾侯要算第一人。"

中、俄关于伊犁的冲突告一段落的时候，中、法关于越南的冲突就起了。

中国原来自己是个帝国。我们的版图除本部以外，还包括缅甸、暹罗、越南、琉球、高丽、蒙古等，这些地方可以分为两类：蒙古属于第一类，归理藩部管，中国派有大臣驻扎其地。第二类即高丽、越南等属国，实际中国与他们的关系很浅，他们不过按期朝贡，新王即位须受中国皇帝的册封。此外我们并不派代表常驻其国都，也不干涉他们的内政。在经济方面，我们也十分消极。我们不移民，也不鼓励通商，简直是得不偿失。但是我们的祖先何以费力去得这些属地呢？此中也有缘故。光绪七年(1881)翰林院学士周德润先生说得清楚：

臣闻天子守在四夷，此诚虑远忧深之计。古来敌国外患，伏之甚微，而蓄之甚早。不守四夷而守边境，则已无及矣；不守边境而守腹地，则更无及矣。我朝幅员广辟，龙沙雁海，尽列藩封。以琉球守东南，以高丽守东北，以蒙古守西北，以越南守西南：非所谓山河带砺，与国同休戚者哉？

换句话说，在历史上属国是我们的国防外线，是代我守门户的。在古代，这种言论有相当的道理；到了近代，局势就大不同了。英国在道光年间直攻了广东、福建、浙江、江苏，英法联军直打进了北京，所谓国防外线简直没有用处。倘使在这种时代我们还要保存外线，我们也应该变更方案。我们应该协助这些弱小国家独立，因为独立的高丽、琉球、越南、缅甸绝不能侵略我们。所怕的不是他们独立，是怕他们做帝国主义者的傀儡。无论如何，外人既直攻我们的腹地，我们也就无暇去顾外线了。协助这些弱小国家去独立是革命的外交，正如苏联革命的初年，外受列强的压迫，内有反革命的抗战，列宁(Lenin)于是毅然决然放弃帝俄的属国。

法国进攻越南的时候，士大夫阶级大半主张以武力援助越南。张佩纶、陈宝琛、张之洞诸人特别激昂。李鸿章则反对，他的理由又是要集中力量火速筹备腹地的国防事业。清廷一方面怕清议的批评，一方面又怕援助越南引起中、法战争，所以举棋不定。起初是暗中接济越南军费和军器，后来果然引起中、法战争。那个时候官吏不分文武，文人尤好谈兵。北京乃派主战派的激烈分子张佩纶去守福州船厂，陈宝琛去帮办两江的防务。用不着说，纸上谈兵的先生们是不济事的。法国海军进攻船厂的时候，张佩纶逃得顶快了。陈宝琛在两江不但无补实际，连议论也不发了。打了不久就讲和，和议刚成又打，再后还是接受法国的条件。越南没有保存，我们的国防力量反大受了损失。左宗棠苦心创办的福州船厂就在此时被法国毁了。

第五节 中日初次决战

李鸿章在日本明治维新的初年就看清楚了日本是中国的劲敌,他并且知道中、日的胜负要看哪一国的新军备进步得快。他特别注重海军,因为日本必须先在海上得胜,然后才能进攻大陆。所以他反对左宗棠以武力收复新疆,反对为伊犁问题与俄国开战,反对为越南问题与法国打仗。他要把这些战费都省下来作为扩充海军之用。他的眼光远在一般人之上。

李鸿章既注重中日关系，不能不特别注意高丽①。在国防上高丽的地位极其重要，因为高丽可以做敌人侵略中国东北的根据地，也可以做敌人海军侵略中国山东、河北的根据地。反过来看，高丽在日本的国防上的地位也很要紧。高丽在我们手里，日本尚感不安，一旦被俄国或英国所占，那时日本所感的威胁就更大了。所以高丽也是日本必争之地。

在光绪初年，高丽的国王李熙年幼，他的父亲大院君李昰应摄政。大院君是个十分守旧的人，他屡次杀传教士，坚决不与外人通商。在明治维新以前，日韩关系在日本方面，由幕府主持，由对马岛之诸侯执行。维新以后，大权归日皇，所以日、韩的交涉也改由日本中央政府主持。大院君厌恶日本的维新，因而拒

①高丽是朝鲜半岛古代王朝之一，1392年李成桂建立朝鲜王朝，1896年李熙称帝改国号为大韩帝国。此处作者或称其高丽，或称其韩，是出于历史惯性。

绝与新的日本往来。日本国内的旧诸侯武士们提倡“征韩”。这种征韩运动,除了高丽不与日本往来外,还有三个动机:一、日本不向海外发展不能图强。二、日本不先下手,西洋各国,尤其是俄国,恐怕要下手。三、征韩能为一般不得志的武士谋出路。光绪元年(1875,日本明治八年)发生高丽炮击日本船的案子,所谓江华岛事件,主张征韩者更有所借口。

当时日本的政治领袖如岩仓、大久保、伊藤、井上诸人原反对征韩,他们以为维新事业未发展到相当程度以前,不应轻举妄动地贪图向外发展。但是在江华岛事件发生以后,他们觉得无法压制舆论,不能不有所主动。于是他们一面派黑田青隆及井上率舰队到高丽去交涉通商友好条约,一面派森有礼来北京试探中国的态度并避免中国的阻抗。

森有礼与我们的外交当局大起辩论。我们始终坚持高丽是我们的属国,如日本侵略高丽,那就是对中国不友谊,中国不能坐视。森有礼则说中国在朝鲜的宗主权是有名无实的，因为中国在高丽不负任何责任，就没有权利。

黑田与井上在高丽的交涉成功。他们所订的条约承认高丽是独立自主的国家，这就是否认中国的宗主权，中国应该抗议，而且设法纠正。但是日本和高丽虽都把条文送给中国，北京没有向日本提出抗议，也没有责备高丽不守本分。中国实为传统观念所误，照中国传统观念，只要高丽承认中国为宗主，那就够了，第三国的承认与否是无关宏旨的。在光绪初年，中国在高丽的威信甚高，所以政府很放心，就不注意日韩条约了。

高丽与日本订约的问题过了以后，中、日就发生琉球的冲突。琉球自明朝洪武五年(1372)起隶属于中国。历五百余年，琉球按期进贡，从未中断，但在明万历三十年(1602)，琉球又向日本萨末诸侯称藩，成了两属，好像一个女子许嫁两个男人。幸而这两个男人从未遇面，所以这种奇怪现象竟安静无事地存在了二百七十多年。自日本维新,力行废藩以后,琉球在日本看来,既然是萨末的藩属,也在应废之列。日本初则阻止琉球入贡中国,终则改琉球为日本一县。中国当然反对,也有人主张强硬对付日本,但日本实在时候选得好,因为这正是中、俄争伊犁的时候。中国无法,只好把琉球作为一个悬案。

可是琉球问题暴露了日本的野心。士大夫平素看不起日本的,到这时也知道应该戒备了。日本既能灭琉球,就能灭高丽。琉球或可不争,高丽则势在必争。所以他们专意筹划如何保存高丽。光绪五、六年(1879—1880)的时候,中国可以说初次有个高丽政策。李鸿章认定日本对高丽有领土野心,西洋各国对高丽则只图通商和传教。在这种形势之下,英、美、法各国在高丽的权利愈多,他们就愈要反对日本的侵略。光绪五年,李鸿章写给高丽要人李裕元的信说得很清楚:

为今之计,似宜用以毒攻毒、以敌制敌之策,乘机次第与泰西各国立约，藉以牵制日本。彼日本恃其诈力，以鲸吞蚕食为谋，废灭琉球一事显露端倪。贵国不可无以备之。然日本之所畏服者泰西也。以朝鲜之力制日本或虞其不足，以统与泰西通商制日本则绰乎有余。

经过三年的劝勉与运动，高丽才接受这种新政。光绪八年(1882)春，由中国介绍，高丽与英、美、德、法订通商条约。

高丽不幸忽于此时发生内乱。国王的父亲大院君李昰应一面反对新政，一面忌王后闵氏家族当权。他于光绪八年(1882)六月忽然鼓动兵变，围攻日本使馆，诛戮闵族要人。李鸿章的谋士薛福成建议中国火速派兵进高丽，平定内乱，一则以表示中国的宗主权，一则以防日本。中国派吴长庆率所部淮军直入高丽京城。吴长庆的部下有两位青年：张謇和袁世凯。他们胆子很大，高丽的兵也没有抵抗的能力。于是他们把大院君首先执送天津，然后派兵占领汉城险要，几点钟的工夫，就把李昰应的军队打散了。吴长庆这时实际做高丽的主人翁了。后高丽许给日本赔款，并许日本使馆保留卫队。这样，中、日两国都有军队在高丽京都，形成对峙之势。

光绪八年（1882）夏初之季，中国在汉城的胜利，使得许多人轻敌。张謇主张索性灭高丽。张佩纶和邓承修主张李鸿章在烟台设大本营，调集海陆军队预备向日本宣战。张佩纶说：

日本自改法以来，民恶其上，始则欲复封建，继则欲改民政。萨、长二党争权相倾，国债山积，以纸为币。虽兵制步伍泰西，略得形似，然外无战将，内无谋臣。问其师船则以扶桑一舰为冠，固已铁蚀木窳，不耐风涛，余皆小炮小舟而已，去中国定远铁船、超勇、扬威远甚。问其兵数，则陆军四五万人，水军三四千人，犹且官多缺员，兵多缺额。近始杂募游惰，用充行伍，未经战阵，大半恇怯，又去中国淮、湘各军远甚。

邓承修也是这样说：

扶桑片土，不过内地两行省耳。总核内府现银不满五百万两。窘迫如此，何以为国？水师不满八千，船舰半皆朽败，陆军内分六镇，统计水陆不盈四万，而又举非精锐。然彼之敢于悍然不顾者，非不知中国之大也，非不知中国之富且强也，所恃者中国之畏事耳，中国之重发难端耳。

这两位自命为“日本通”者，未免看事太易。李鸿章看得比较清楚。他说：

彼自变法以来，一意媚事西人，无非欲窃其绪余，以为自雄之术。今年遣参议伊藤博文赴欧洲考察民政，复遣有栖川亲王赴俄，又分遣使聘意大利，驻奥匈帝国，冠盖联翩，相望于道，其注意在树交植党。西人亦乐其倾心亲附，每遇中日交涉事件，往往意存袒护。该国洋债既多，设有危急，西人为自保财利起见，或且隐助而护持之。

夫未有谋人之具，而先露谋人之形者，兵家所忌。日本步趋西法，虽仅得形似，而所有船炮略足与我相敌。若必跨海数千里与角胜负，制其死命，臣未敢谓确有把握。

第东征之事不必有，东征之志不可无。中国添练水师，实不容一日稍缓。昔年户部指拨南北洋海防经费，每岁共四百万两。无如指拨之财，非尽有著之款。统计各省关所解南北洋防费，约仅及原拨四分之一。可否请旨敕下户部总理衙门，将南北洋每年所收防费核明实数，务足原拨四百万两之数。如此则五年之后，南北洋水师两枝当可有成。

这次大辩论终了之后，越南问题又起来了。张佩纶、邓承修诸人忽然忘记了日本，大肆运动与法国开战。中法战事一起，日本的机会就到了。这时高丽的党政军正成对垒之阵。一面有开化党，其领袖即洪英植、金玉均、朴泳孝诸人，其后盾即日本公使竹添进一郎。这一派是亲日的，想借日本之势力以图独立的。对面有事上党，领袖即金允植、闵泳翊、尹泰骏诸人，后盾是袁世凯。这一派是联华的，想托庇于中国的保护之下，以免日本及其他各国的压迫。汉城的军队有中国的驻防军和袁世凯代练的高丽军在一面，对面有日本使馆的卫队及日本军官所练的高丽军。在中法战争未起以前，开化党不能抬头，既起以后，竹添就大活动起来，说中国自顾不暇，哪能顾高丽？于是洪英植诸人乃决计大举。

光绪十年(1884)十月十七夜，洪英植设宴请外交团及高丽要人。各国代表都到，唯独竹添称病不至。后忽报火警，在座的人就慌乱了。闵泳翊出门被预埋伏兵士所杀。洪英植跑进王宫，宣称中国兵变，强迫国王移居，并召竹添带日兵进宫保卫。竹添这时不但无病，且亲率队伍入宫。国王到了开化党的手里以后，下诏召事上党领袖，他们一进宫就被杀了。于是宣布独立，派开化党的人组阁。

十月十九日，袁世凯带他所练的高丽兵及中国驻防汉城的军队进宫。中、日两方就在高丽王宫里开战了。竹添见不能抵抗，于是撤退。王宫及国王又都到袁世凯手里。洪英植、朴泳孝被乱兵所杀，金玉均随着竹添逃到仁川，后投日本。政权全归事上党及袁世凯，开化党完全被打散了。袁世凯这时候尚不满三十，忽当大事，因电报不通无法请示，只好便宜行事。他敢大胆地负起责任，制止对方的阴谋。难怪李鸿章从此看重他，派他做驻高丽的总代表。

竹添是个浪人外交家，他如果没有违反日本政府的意旨，至少他超过了他政府所定的范围。事变以后，日本政府以和平交涉对高丽，亦以和平交涉对中国。光绪十一年(1885)春，伊藤与李鸿章订《天津协定》，双方皆撤退驻高丽的军队，但高丽以后如有内乱，中、日皆得调兵进高丽。

光绪十一年(1885)，英、俄两国因为阿富汗的问题几至开战。他们的冲突波及远东。英国为预防俄国海军从海参崴南下，忽然占领高丽南边之巨磨岛。俄国遂谋占领高丽东北的永兴湾。高丽人见日本不可靠，有与俄国暗通，求俄国保护者。在这种形势之下，英国感觉危险，日本更怕英、俄在高丽得势。于是日本、英国都怂恿中国在高丽行积极政策。英国觉得高丽在中国手里与英国全无损害，倘到俄国手里，则不利于英国甚大。日本亦觉得高丽在中国手里，他将来还有法子夺取；一旦到了俄国手里，简直是日本的致命之伤。所以这种形势极有利于中国，李鸿章与袁世凯遂大行其积极政策。

从光绪十一年(1885)到光绪二十年(1894)，中国对高丽的政策完全是李鸿章和袁世凯的政策。他们第一紧紧地把握高丽的财政，高丽想借外债，他们竭力阻止。高丽财政绝无办法的时候，他们令招商局出面借款给高丽。高丽的海关是由中国海关派员代为管理，简直可说是中国海关的支部。高丽的电报局是中国电报局的技术人员用中国的材料代为设立、代为管理的。高丽派公使到外国去，须先得中国的同意，到了外国以后，高丽的公使必须遵守三个条件：

一、韩使初至各国，应先赴中国使馆具报，请由中国钦差挈同赴外部，以后即不拘定。二、遇有朝会公宴酬酢交际，韩使应随中国钦差之后。三、交涉大事关系紧要者，韩使应先密商中国钦差核示。

这种政策虽提高了中国在高丽的地位，但与光绪五年(1879)李鸿章最初所定的高丽政策绝对相反。最初李要高丽多与西洋各国往来，想借西洋的通商和传教的权利来抵制日本的领土野心。此时李、袁所行的政策是中国独占高丽。到了光绪十八、十九年(1892—1893)，日本感觉中国在高丽的权利膨胀过甚，又想与中国对抗。中国既独占高丽的权利，到了危急的时候，当然只有中国独当其冲。

甲午战争直接的起因又是高丽的内乱。光绪二十年(甲午，1894)，高丽南部有所谓东学党，聚众数千作乱，中、日两国同时出兵，中国助平内乱，日本借口保卫侨民及使馆。但东学党造乱的地方距汉城尚远，该地并无日本侨民，且日本派兵甚多，远超保侨所需之数。李鸿章知道日本另有野心，所以竭力先平东学党之乱，使日本无所借口。但是内乱平定之后，日本仍不撤兵。日本声言高丽内乱之根在内政之不修明，要求中、日两国共同强迫高丽改革内政。李不答应，因为这就是中、日共管高丽。

这时日本舆论十分激烈，一意主战。中国舆论也激烈，要求李鸿章火速出兵，先发制人。士大夫觉得高丽绝不可失，因为失高丽就无法保东北。他们以为日本国力甚小："倭不度德量力，敢与上国抗衡，实以螳臂当车，以中国临之，直如摧枯拉朽。"李鸿章则觉得一调大兵，则双方势成骑虎，终致欲罢不能，但他对于外交又不让步。他这种军事消极、外交积极的办法，是很奇怪的。他有他的理由。俄国公使喀西尼(Cassini)答应了他，俄国必劝日本撤兵，如日本不听，俄国必用压服的方法。李觉得既有俄国的援助，不必对日本让步。殊不知喀西尼虽愿意给中国援助，俄国政府却不愿意。原来和战的大问题，不是一个公使所能负责决定的。等到李鸿章发现喀西尼的话不能兑现,中、日外交路线已经断了,战事已经起始了。

中、日两国同于七月初一宣战。八月十八(阳历9月17)两国海军在高丽西北鸭绿江口相遇。那一次的海军战争是中华民族在这次全面抗战以前最要紧的一个战争。如胜了,高丽可保,东北不致发生问题,而在远东,中国要居上、日本居下了。所以甲午八月十八的海军之战是个划时代的战争,值得我们研究。那时我国的海军军力比日本海军大。我们的占世界海军第八位,日本占第十一位。我们的两个主力舰定远和镇远各七千吨;日本顶大的战舰不过四千吨。但日本的海军也有优点,日本的船比我们快,船上的炮比我们多,而且放得快。我们的船太参差不齐,日本的配合比较合用。所以从物质上说来,两国海军实相差不远。那一次我们失败的缘故很多:第一,战略不如人。我方原定舰队排"人"字阵势,由定远、镇远两铁甲船居先,称战斗之主力。海军提督丁汝昌以定远为坐舰,舰长是刘步蟾。丁本是骑兵的军官,不懂海军。他为人忠厚,颇有气节,李鸿章靠他不过做精神上的领导而已。刘步蟾是英国海军学校毕业的学生,学科的成绩确是上等的,而且颇识莎士比亚的戏剧,颇有所谓儒将的风度。丁自认不如刘,所以实际是刘做总指挥。等到两军相望的时候,刘忽下令把“人”字阵完全倒置,定远、镇远两铁甲船居后,两翼的弱小船只反居先。刘实胆怯,倒置的缘故想图自全。这样一来阵线乱了,小船的人员都心慌了。而且日本得乘机先攻我们的弱点了。

其次,我们的战术也不及人。当时在定远船上的总炮手英人泰乐尔(Tyler)看见刘步蟾变更阵势,知道形势不好。他先吩咐炮手不要太远就放炮,不要乱放炮,因为船上炮弹不多,必命中而后放。吩咐好了以后,他上望台,站在丁提督旁边,准备帮丁提督指挥。但丁不懂英文、泰乐尔不懂中文,两人只好比手势交谈。不久炮手即开火,而第一炮就误中自己的望台,丁受重伤,全战不再指挥,泰乐尔亦受轻伤。日本炮弹的准确远在我们的之上，结果，我海军损失过重，不敢再在海上与日人交锋。日人把握海权，陆军输送得行动自由，我方必须绕道山海关。其实海军失败以后，大势就去了。陆军之败更甚于海军。

次年三月，李鸿章与伊藤订《马关和约》。中国承允高丽独立，割台湾及辽东半岛，赔款二万万两。近代的战争固不是儿戏。不战而求和当然要吃亏，这一次要吃亏的是高丽的共管。但战败以后而求和，吃亏之大远过于不战而和。同治、光绪年间的政治领袖如曾、左、李及恭亲王、文祥诸人原想一面避战，一面竭力以图自强。不幸，时人不许他们，对自强事业则多方掣肘，对邦交则好轻举妄动，结果就是误国。

第四章

瓜分及民族之复兴

第一节　李鸿章引狼入室

甲午战争未起以前及既起以后，李鸿章用各种外交方法，想得西洋各国的援助，但都失败了。国际的关系不比私人间的关系，是不讲理、不论情的。国家都是自私自利的，利害相同就结合为友，为联盟；利害冲突就成为对敌。各国的外交家都是精于打算盘的。西洋各国原想在远东大大地发展，但在甲午以前，没有积极推动，一则因为他们忙于瓜分非洲；二则因为他们互相牵制，各不相下；三则因为在远东尚有中国与日本两个独立国家，具有相当的抵抗能力。在中日战争进行的时候，李鸿章虽千方百计地请求他们的援助，他们总是抱隔岸观火的态度，严守中立。他们觉得中国愈败，愈需要他们的援助，而且愈愿意出代价。同时他们又觉得日本虽打胜仗，战争总要削减日本的力量。在西洋人的眼光里，中日战争，无论谁败，实是两败俱伤的。他们反可坐收渔人之利，所以他们不援助我们于未败之前。

等到《马关条约》一签字，俄、德、法三国就联合起来强迫日本退还辽东半岛，包括旅顺、大连在内。主动是俄国，德、法不过附和。当时俄国财政部长威特(Witte)正赶修西伯利亚铁路，他发现东边的一段，如绕黑龙江的北岸，路线太长，工程太困难；如横过我们的东三省，路线可缩短，工程也容易得多。同时海参崴太偏北，冬季结冰，不便航行。如果俄国能得大连、旅顺，俄国在远东就能有完善的军港和商港。完成西伯利亚铁路及得一个不冻冰的海口，这是威特想要乘机而达到的目的。法国当时联俄以对德，俄要法帮忙，法不敢拒绝，何况法国也有野心家想乘机向远东发展呢？德国的算盘打得更精。他想附和俄国，一则可以使俄国知道德国是俄国的朋友，俄国不必联络法国；二则俄国如向远东发展，在欧洲不会多事，德国正好顺水推舟；三则德国也可以向我们索取援助的代价。这是三国干涉《马关和约》实在的动机。

俄、德、法三国的做法是十分冠冕堂皇的。《马关条约》签订以后，他们就向我们表示同情，说条约太无理，他们愿助中国挽回失地的一部分。在我们那时痛恨日本的情绪之下，这种友谊的表示是求之不得的。我们希望三国能把台湾及辽东都替我们收回来。同时三国给予所谓友谊的劝告，说日本之占领辽东半岛不利于远东和平。战后之日本固不敢不依从三国的劝告，于是退还辽东，但加赔款三千万两。中国觉得辽东半岛不止值三千万两，所以觉得应感激三国的援助。

《马关条约》原定赔款二万万两，现在又加三千万两，中国当然不能负担。威特一口答应帮中国从法、俄银行借一万万两，年息四厘。数目之大、利率之低，诚使我们受宠若惊，俄国真可算是我们的好朋友！

光绪二十二年(1896)，俄皇尼古拉二世(Nicholas Ⅱ)行加冕典礼。帝俄政府向我表示：当中俄两国特别要好的时候，中国应该派头等大员去做代表，才算是给朋友面子。中国乃派李鸿章为庆贺加冕大使，这位东方的俾斯麦于是到欧洲去了。威特深知中国的心理，所以他与李鸿章交涉的时候，首言日本之可恶可怕，这是李鸿章愿意听的话，也是全国人士愿意听的话。这种心理的进攻既然顺利，威特乃进一步陈言俄国对我之援助如何是心有余而力不足。他说当中日战争之际，俄国本想参战，但因交通不便，俄军未到而中日战争就完了。以后中国如要俄国给予有力的援助，中国必须使俄国修条铁路横贯东三省。李鸿章并未驳辩威特的理论，但主张在中国境内之铁路段应由中国自修，威特告以中国人力财力不足，倘自修，则十年尚不能成，将缓不济急。威特最后说，如中国坚拒俄国的好意，俄国就不再助中国了。这一句话把李鸿章吓服了，于是他与威特签订密约，俄许援助中国抵抗日本，中许俄国建筑中东铁路。

光绪二十二年（1896）的《中俄密约》是李鸿章终身的大错。甲午战争以后，日本并无于短期内再进攻中国的企图。是时日本政府反转过来想联络中国，因为西洋倘在中国势力太大，是于日本不利的。威特的本意不是要援助中国，是要利用中东铁路来侵略中国的。以后瓜分之祸及日俄战争、二十一条、九·一八，这些国难都是那个密约引出来的。

李鸿章离开俄国以后，路过德、法、比、英、美诸国。他在柏林的时候，德国政府试探向他要代索辽东的报酬，他没有答应。德国公使以后又在北京试探，北京也没有答应。光绪二十三年（1897）秋，山东曹州杀了两个传教士，德国乘机一面派兵占领青岛，一面要想租借胶州湾、青岛及在山东修铁路和开矿的权利。清政府于光绪二十四年(1898)春答应了，山东就算是德国的利益范围。

俄国看见德国占了便宜，于是调兵船占旅顺、大连。俄国说为维持华北的势力均衡，并为助中国的方便，他不能不有旅顺、大连，并且还要修南满铁路。中国也只好答应。我们费三千万赎回来的辽东半岛，这时俄国又夺去了。俄国还说，他是中国唯一的朋友！俄国的外交最阴险：他以助我之名，行侵我之实。以后他在东北既有了中东铁路、南满铁路及大连、旅顺，东三省就成了俄国的势力范围。

于是英国要求租借威海卫和九龙及长江流域的优越权利，法国要求租广州湾及广东、广西、云南的优越权利，日本要求福建的优越权利，意大利要求租浙江的三门湾。除意大利的要求以外，中国都答应了，这就是所谓瓜分。唯独美国没有提出要求，但他运用外交,使各国不完全割据各国所划定的范围,并使各国承认各国在中国境内都有平等的通商权利,这就是历史上有名的门户开放主义。

这种瓜分运动就是甲午的败仗引起来的。在近代的世界,败仗是千万不能打的。

第二节　康有为辅助光绪变法

假使我们是甲午到戊戌那个时代的人，眼看见我们的国家被小小的日本打败了，打败了以后又要割地赔款，我们还不激昂慷慨想要救国吗？又假使我们是那个时代的人，新知识新技术都没有，所能做的仅八股文章，所读过的书，仅中国的经史，我们的救国方案还不是离不开我们的经典，免不了做些空泛而动听的文章？假使正在这个时候，我们中间出了一个人提出一个伟大的方案,既合乎古训,又适宜时局,其文章是我们所佩服的,其论调正合乎我们的胃口,那我们还不拥护他吗?康有为就是这时代中的这样的人。

康有为是广东南海县人,生在咸丰五年(1855),比孙中山先生大十一岁。① 他家好几代都是读书人。他的家教和他的先生朱九江给他的教训,除预备他能应考试、取科名外,特别注重中国政治制度的沿革及一般所谓经世致用之学。他不懂任何外国文字,在戊戌以前,也没有到外国去过。但他到过香港、上海,看见西洋人地方行政的整齐,受了很大的刺激,他觉得这种优美的行政必有文化和思想的背景和源泉。可惜那个时候国内还没有讨论西洋政治、经济的书籍,康有为所能得的仅江南制造局及教会所译的初级天文、地理、格致、兵法、医药及耶稣教经典一类的书籍。但他是个绝顶聪明的人,"能举一反三,因小以知大,

①康有为生于咸丰八年(1858),孙中山生于同治五年(1866),康有为比孙中山大八岁。此处应为作者讹误。

自是于其学力中别开一境界”。

我们已经说过，同治、光绪时代李鸿章所领导的自强运动限于物质方面，是很不彻底的。后来梁启超批评他说：

知有兵事而不知有民政，知有外交而不知有内治，知有朝廷而不知有国民，知有洋务而不知有国务，以为吾中国之政教风俗，无一不优于他国，所不及者惟枪耳、炮耳、船耳、机器耳。吾但学此，而洋务之能事毕矣。

这种批评是很对的。可是李鸿章的物质改革已遭时人的反对，倘再进一步地改革政治态度，时人一定不容许他。甲午以后，康有为觉得时机到了。李鸿章所不敢提倡的政治改革，康有为要提倡，这就是所谓变法运动。

中国自秦、汉以来，两千多年，只有两个人曾主张变法，一个是王莽，一个是王安石，两个都失败了。王莽尤其成为千古的罪人，所以没有人敢谈变法。士大夫阶级都以为法制是祖宗的法制、先圣先贤的法制，历代相传，绝不可变更的。康有为知道非先打破这个思想的难关，变法就无从下手。所以在甲午以前，他写了一篇《孔子改制考》。他说孔子根本是个改革家，孔子作《春秋》的目的就是要改革法制。《春秋》的真义在《公羊传》里可以看出来。《公羊传》讲“通三统”，那就是说夏、商、周三代的法制并无沿袭，各代都因时制宜，造出各代的法制。《公羊传》又讲“张三世”，那就是说，以专制政体对乱世，立宪政体对升平之世，共和政体对太平之世。康有为这本书的作用无非是抓住孔子做他思想的傀儡，以便镇压反对变法的士大夫。

康有为在甲午年中了举人，乙未年成了进士，他是那个国难时期的新贵。他趁机会组织学会，发行报纸来宣传，一时附和的人很不少。大多数并不了解他的学说，也不知道他的改革具体方案，只有极少数可以说是他的忠实同志。但是他的运动盛极一时，好像全国舆论是拥护他的。

孔子是旧中国的思想中心，抓住了孔子，思想之战就成功了。皇帝是旧中国的政治中心，所以康有为的实际政治工作是从抓住皇帝下手。他在严重的国难时期之中，一再上书给光绪皇帝，大讲救国之道。光绪也受了时局的刺激，很想努力救国。他先研究康有为的著作，后召见康有为。他很赏识他，因为种种的困难，只教他在总理衙门行走，戊戌春季的瓜分更刺激了变法派和光绪帝。于是他又派康有为的四位同志杨锐、刘光第、林旭、谭嗣同在军机处办事。从戊戌四月二十三日到八月初康有为辅助光绪行了百日的维新。

在这百天之内，康有为及其同志推行了不少的新政。其中最要紧的有两件事：第一，以后政府的考试不用八股文，都用政治、经济的策论。换句话说，以后读书人要做官不能靠虚文，必须靠实学。第二，调整行政机构。康有为裁汰了许多无用的衙门和官职，如詹事府、通政司、光禄寺、鸿胪寺、太仆寺、大理寺，以及与总督同城的巡抚、不治河的河督、不运粮的粮道、不管盐的盐道。同时他添了一个农工商总局，好像我们现在的经济部，想要推行经济建设。这两件大新政，在我们今日看起来，都是应该早办的，但在戊戌年间，虽然国难那样严重，反对的人居大多数。为什么呢？一句话，打破了他们的饭碗。人人都知道废八股，提倡实学，但数百翰林，数千进士，数万举人，数十万秀才，数百万童生，全国的读书人都觉得前功尽弃。他们费了多少的心血，想从“之乎者也”里面升官发财。一旦废八股，他们绝望了。难怪他们要骂康有为洋奴、汉奸。至于被裁的官员，更不要说，无不切齿痛恨。

康有为既然抓住皇帝来行新政，反对新政的人就包围西太后，求“太后保全，收回成命”。这时光绪虽做皇帝，实权仍在西太后手里。他们两人之间久不和睦，西太后此时想索性废光绪皇帝。新派的人于是求在天津练兵的袁世凯给他们武力的援助。袁世凯嫌他们孟浪，不肯合作，而且泄露他们的机密。西太后先发制人，把光绪囚禁起来，说皇帝有病，不能理事，复由太后临朝训政。康有为逃了，别人也有逃的，也有被西太后处死的。他们的新政完全打消了。

第三节 顽固势力总动员

在戊戌年的变法运动之中，外国人颇偏袒光绪帝及维新派，反对西太后及顽固党，因此一个内政的问题就发展为国际关系问题了。后康有为、梁启超逃难海外，又得外国人的保护。他们在逃难之中发起保皇会，鼓动外国人和华侨拥护光绪。这样，西太后和顽固党就恨起洋人来了。西太后要废光绪，立端王载漪的儿子溥儁做帝。刚毅、崇绮、徐桐、启秀诸顽固分子想在新王之下操权，于是怂恿废立。但各国驻京公使表示不满意，他们的仇外心理更进了一层。

顽固党仅靠废立问题还不能号召天下，他们领导的运动所以能扩大，这是因为他们也是爱国分子。自鸦片战争到庚子年，这六十年中所受的压迫，所堆积的愤慨，他们觉得中国应该火速抗战，不然国家就要亡了。我们不要以为顽固分子不爱国，从鸦片战争起，他们是一贯地反对屈服，坚强地主张抗战。在戊戌年，西太后复政以后，她硬不割让三门湾给意大利，她令浙江守土的官吏准备抗战。后意大利居然放弃了他的要求，顽固党更加觉得强硬对付洋人是对的。

外人在中国不但通商占地，还传教，这一层尤其招顽固分子的愤恨。他们觉得孔、孟的遗教是圣教，洋人的宗教是异端，是邪教，中国最无知的愚民，都知道孝敬父母，尊顺君师，洋人是无父无君的。几千年来，都是外夷学中国，没有中国学外夷的道理，这种看法在当时是很普遍的。譬如大学士徐桐是大理学家倭仁的门弟子，自己也是个有名的理学家，在当时的人物中，算是一个正派君子。他和他的同志是要保御中国文化而与外人战。他们觉得铲草要除根，排斥异端非尽驱逐洋人不可。

但是中国与日本战尚且打败了，怎能一时与全世界开战呢？顽固分子以为可以靠民众。利用民众或“民心”或“民气”去对外，是林则徐、徐广缙、叶名琛一直到西太后、载漪、刚毅、徐桐传统的法宝。凡是主张剿夷的莫不觉得四万万同胞是有胜无败的。甲午以后，山东正有民间的义和团出现，顽固分子觉得这个义和团正是他们所需要的武力。

义和团(又名义和拳)最初是大刀会，其本质与中国流行民间的各种会匪并无区别。这时的大刀会专以洋人，尤其是传教士为对象，民众对洋人也有多年的积愤。外国传教士免不了偏袒教徒，而教徒有的时候免不了仗洋人的势力欺侮平民。民间许多带宗教性质的庙会敬神，信基督教的人不愿意合作，这也引起教徒与非教徒的冲突。民间尚有种种谣言，说教士来中国的目的不外挖取中国人的心眼以炼药丹，又一说教士窃取婴孩脑髓、室女红丸。民间生活是很痛苦的，于是把一切罪恶都归到洋人身上。洋人，附洋人的中国人，以及与洋人有关的事业如教堂、铁路、电线等，皆在被打倒之列。义和团的人自信有鬼神保佑，洋人的枪炮打不死他们。山东巡抚李秉衡及毓贤前后鼓励他们，因此他们就以“扶清灭洋”的口号在山东扰乱起来。

己亥年（光绪二十五年，1899）袁世凯做山东巡抚，他就不客气，把义和团当作乱民，派兵痛剿。团民在山东站不住，于己亥冬庚子春逃入河北。河北省当局反表示欢迎，所以义和团就在河北得势了。毓贤向载漪、刚毅等大替义和团宣传，说他们如何勇敢、可靠。载漪和刚毅介绍义和团给西太后，于是义和团在北京得势了。西太后及想实行废立的亲贵，顽固的士大夫及顽固爱国志士，都与义和团打成一片，精诚团结去灭洋，以为灭了洋人，他们各派的公私目的都能达到。庚子年拳匪之乱是中国顽固势力的总动员。

经过四次的御前会议，西太后乃于五月二十五日向各国同时宣战。到七月二十日，董福祥的军队连同几万拳匪，拿着他们的引魂幡、混天大旗、雷火扇、阴阳瓶、九连环、如意钩、火牌、飞剑及其他法宝，仅杀了一个德国公使，连东交民巷的公使馆都攻不破。同时八国联军由大沽口进攻，占天津，慢慢地逼近北京。于是西太后同光绪帝逃到西安。李鸿章又出来收拾时局。

拳匪之乱的结束是《辛丑条约》，除惩办祸首及道歉外，《辛丑条约》有三个严重的条款：第一，赔款四万万五千万两，分三十九年还清，在未还清以前，按每年四厘加利，总计实九万万八千余万两。俄国的部分最多（那时中俄尚是联盟国），占百分之二十九；德国次之，占百分之二十；法国占百分之十六弱；英国占百分之十一强；日本与美国各占百分之七强。第二，各国得自北京到山海关沿铁路线驻兵。近来①日本增兵平、津，就借口《辛丑条约》。第三，划定并扩大北京的使馆区，且由各国留兵北京以保御使馆。

这种条款，够严重了，但我们所受的损失最大的还不是《辛丑条约》的各款，此外还有东三省的问题。庚子年，俄国趁拳乱派兵占领全东北三省。《辛丑条约》订了以后，俄国不肯退出，反向中国要求各种特殊权利。假使中国接受了俄国的要求，东北三省在那个时候就要名存实亡了。张之洞、袁世凯竭力反对接受俄国的条款，日本、英国、美国从旁赞助他们。李鸿章主张接受俄国的要求，但是幸而他在辛丑的冬天死了，不然东北三省就要在他手里送给俄国了。日本、英国看见形势不好，于壬寅（光绪二十八年，1902）年初，缔结同盟条约来对付俄国。美国虽未加入，但表示好感。中国当时的舆论亦赞助同盟。京师大学堂

①近来指的是本书写作之时，即1938年春夏之交。

(以后的北京大学)的教授上书政府,建议中国加入同盟,变为中、日、英三国的集团来对付俄国。俄国看见国际情形不利于他,乃与中国订约,分三期撤退俄国在东三省的军队。条约虽签字了,俄国以后又中途变计。日本乃出来与俄国交涉。光绪三十年(1904)两国交涉失败,就在我们的国土上打起仗来了。

那一次的日俄战争,倘若是俄国全胜了,不但我们的东三省,连高丽都要变为俄国的势力范围;倘若日本彻底地打胜了俄国,那高丽和东北就要变成日本的范围,中国左右是得不了便宜的。幸而事实上日本只局部地打胜了,结果两国讲和的条约仍承认中国在东北的主权,不过划北满为俄国铁路及其他经济势力的范围,南满包括大连、旅顺在内,为日本的范围。这样,日俄形成对峙之势,中国得以收些渔人之利。

第四节　孙总理提民族复兴方案

在未述孙中山先生的事业以前，我们试回溯中国近代史的过程。我们说过，我们到了十九世纪遇着空前未有的变局，在十九世纪以前，与中华民族竞争的都是文化不及中国，基本势力不及中国的外族。到了十九世纪，与中国抗衡的是几个以科学、机械及民族主义立国的列强。我们在道光年间虽受了重大的打击，我们仍旧不觉悟，不承认国家及民族的危险，因此不图改革，枉费了民族二十年的光阴。直到受了英法联军及太平天国的痛苦，然后有同治初年由奕䜣、文祥、曾国藩、李鸿章、左宗棠领导的自强运动。这个运动就是中国近代史上第一个应付大变局的救国救民族的方案。简单地说，这个方案是要学习运用及制造西洋的军器来对付西洋人。这是一个不彻底的方案，后来又是不彻底地实行。为什么不彻底呢？一则因为提案者对于西洋文化的认识根本有限，二则因为同治、光绪年间的政治制度及时代精神不容许自强运动的领袖们前进。同时代的日本采取了同一路线，但是日本的方案比我们的更彻底。日本不但接受了西洋的科学和机械，而且接受了西洋的民族精神及政治制度的一部分。甲午之战是高度西洋化、近代化之日本战胜了低度西洋化、近代化之中国。

甲午以后，康有为所领导的变法运动是中国近代史上救国救民族的第二个方案。这个方案的主旨是要变更政治制度，其最后目的是要改君主立宪，以期民族精神及维新事业得以在立宪政体之下充分发挥和推进。变法运动无疑的是比自强运动更加西洋化、近代化。康有为虽托孔子之名及皇帝的威严去变法，他依旧失败，因为西太后甘心做顽固势力的中心。清政府皇室及士大夫阶级和民间的顽固势力本极雄厚，加上西太后的支助，遂成了一种不可抑遏的反潮。严格说来，拳匪运动可说是中国近代史上第三个救国救民族的方案，不过这个方案是反对西洋化、近代化的，与第一、第二两个方案是背道而驰的。拳匪的惨败是极自然的。惨败代价之大足证中华民族要图生存绝不可以开倒车。

等到自强、变法、反动都失败了，国人然后注意孙中山先生所提出的救国救民族的方案，这个方案的伟大与孙中山先生的少年环境是极有关系的。

中山先生是广东香山县人，生于前清同治五年(1866)。他的家庭是中国乡下贫苦农夫的家庭，他小的时候就在田庄上帮助父亲耕种。十三岁，他随长兄德彰先生到檀香山，他在那里进了教会学校。十六岁的时候，他回到广州入博济医学校。次年，他转入香港英国人所设立的医学专科。他在这里读书共十年，于光绪十八年(1892)毕业，成医学博士。中法战争的时候，他正十九岁，所受刺激很大。他在学校所结纳的朋友，如郑士良、陈少白、陆皓东等多与秘密反对清政府的会党有关。所以在这个时候，他已有了革命的思想。

中山先生的青年生活有几点值得特别注意：第一，他与外人接触最早，十三岁就出国了。他所入的学校全是外国人所设立的学校。他对西洋情形及近代文化的认识远在李鸿章、康有为诸人之上。这是我民族一种大幸事，因为我们既然只能从近代化找出路，我们的领袖人物应该对近代文化有正确深刻的认识。第二，中山先生的教育是科学的教育，而且是长期的。科学的思想方法是近代文化的至宝。但是这种方法不是一两个月的训练班或速成学校所能培养的。我们倘不了解这一点，我们就不能了解为什么中山先生所拟的救国方案能超越别人所提的方案。中山先生的一切方案是具体的、精密的、有步骤的、方方面面都顾到的，因为他的思想是受过长期科学训练的。

光绪十年（1884）的中法之战给了中山先生很大的刺激。光绪二十年（1894）的中日之战所给的刺激更大。此后他完全放弃行医，专门从事政治。次年，他想袭取广州，以为革命的根据地。不幸事泄失败，他逃到国外。在檀香山的时候，他组织了兴中会。当时风气未开，清廷监视很严，所以兴中会的宣言不提革命，只说政府腐败，国家危急，爱国志士应该联合起来以图国家的富强。宣言虽是这样的和平，海外侨胞加入兴中会的还是很少。中山先生从檀香山到美国、英国，一面鼓吹革命，一面考察英、美的政治。在英国的时候，使馆职员诱他入馆，秘密地把他拘禁起来，想运送回国。幸而得到他的学校教师的援助终得出险，后又赴法。这是中山先生初次在海外逃难的时期，也是他的革命的三民主义初熟的时期。

庚子拳匪作乱的时候,郑士良及史坚如两同志奉中山先生的命令想在广东起事,不幸都失败了。但是庚子年的大悲剧动摇了许多人对清政府的信念,留学生到日本去的也大大地增加。从此中山先生的宣传容易得多,信徒增加也很快。日本朋友也有赞助的。到了甲辰年(光绪三十年,1904),他在日本组织同盟会,并创办《民报》。这是我民族初次公开的革命团体。《同盟会宣言》及《民报发刊词》是中山先生初次公开的正式的以革命领袖的资格,向全世界发表他的救国救民族的方案。甲辰以后,中山先生尚有二十年的革命工作,对他所拟的方案尚有不少的补充,但他终身所信奉的主义及方略的大纲已在《同盟会宣言》和《民报发刊词》里面立定基础了。

《民报发刊词》说明了三民主义的历史必然性。欧洲罗马帝国灭亡以后,各民族割据其地,慢慢地各养成其各自的语言、文字、风俗、法制。到了近代,各民族遂成了民族国家。但在各国之内王室专制，平民没有参政之权，以致民众受压迫的痛苦。十八世纪末年、十九世纪初年，欧人乃举行民权的革命。在十九世纪，西洋人虽已实行民族主义和民权主义，但社会仍不安。这是因为欧美在十九世纪科学发达，工业进步，社会贫富不均。中国应在工业初起的时候，防患未然，利用科学和工业为全民谋幸福，这就是民生主义。中山先生很激昂地说：

夫欧、美社会之祸，伏之数十年，及今而后发现之，又不能使之遽去。吾国治民生主义者，发达最先，睹其祸害于未萌。诚可举政治革命、社会革命，毕其功于一役，还视欧、美，彼且瞠乎后也。

这是中山先生的爱国热忱和科学训练所创作的救国方案，其思想的伟大是古今无比的。

但是民族主义和民权主义在西洋尚且未实现，以落伍的中国，外受强邻的压迫、内部又满布封建的思想，何能同时推行三民主义呢？这岂不是偏于理想吗？有许多人直到现在还这样批评中山先生。三十三年以前，当同盟会初组织的时候，就是加盟者大部分也阳奉阴违，口信心不信。反对同盟会的人更加不必说了，他们并不否认三民主义的伟大，他们所犹豫的是三民主义实行的困难。其实中山先生充分地顾到了这层困难。他的革命方略就是他实行三民主义的步骤。同盟会的宣言的下半说明革命应分军法、约法、宪法三时期，就是以后所谓军政、训政、宪政三阶段。一般浅识的人承认军政、宪政之自然，但不了解训政阶段是必要的、万不能免的。中山先生说过：

由军政时期一蹴而至宪政时期，绝不予革命政府以训练人民之时期，又绝不予人民以养成自治能力之时间，于是第一流弊在旧污未由荡涤，新治未由进行；第二流弊在粉饰旧污以为新治；第三流弊在发扬旧民，压抑新治。更端言之，即第一，民治不能实现；第二，为假民治之名行专制之实；第三，则并民治之名而去之矣。此所谓事有必至，理有固然者。

当时在日本与同盟会的《民报》抗争者是君主立宪派的梁启超所主持的《新民丛报》。梁启超是康有为的门徒，爱国而博学。他反对打倒清政府，反对共和政体，他要维持清室而行君主立宪，所以他在《新民丛报》里再三发表文章攻击中山先生的民族主义和民权主义。他说中国人民程度不够，不能行共和制。如行共和必引起多年的内乱和军阀的割据。他常引中国历史为证：中国每换一次朝代必有长期的内乱。梁启超说，在闭关自守时代，长期的内乱尚不一定要亡国。现在列强虎视，一不小心，我们就可遭亡国之祸。民国以来的事实似乎证明了梁启超的学说是对的。其实民国以来的困难都是由于国人不明了，因而不接受训政。

孙中山先生的三民主义和革命方略无疑是中华民族唯一复兴的路径。我们不可一误再误了。

第五节 民族扫除复兴的障碍

庚子拳匪之乱以后，全体人民感觉清政府是中华民族复兴的一种障碍，这种观察是很有根据的。甲午以前，因为西太后要重修颐和园，中国海军有八年之久不能添造新的军舰。甲午以后，一则因为西太后与光绪帝争权，二则因为清政府的亲贵以为维新就是汉人得势，满人失权，西太后和亲贵就煽动全国一切反动势力来打倒新政。我们固不能说满人都是守旧的，汉人都是维新的，因为汉人之中，思想腐旧的也大有人在。事实上，满人居领袖地位，他们一言一动的影响大，而他们中间守旧的成分实在居大多数。并且他们反对维新就是借以排汉，所以庚子以后，清政府虽逐渐推行新政，汉人始终不信服他们，不认为他们是有诚意的。

庚子年的冬天，西太后尚在西安的时候，她就下诏变法。以后在辛丑到甲辰那四年内，她裁汰了好几个无用的衙门，废科举，设学校，练新兵，派学生出洋，许满、汉通婚。戊戌年康有为要辅助光绪帝行的新政，这时西太后都行了，而且超过了。日本胜了俄国以后，时人都觉得君主立宪战胜了君主专制。于是在乙巳年(1905)的夏天，西太后派载泽等五大臣出洋考察各国宪法，表示要预备立宪。丙午、丁未、戊申三年成了官制及法制的大调整时期。

丙午年(1906)九月，厘定中央官制。前清中央主要的机关有内阁、军机处、六部、九卿。所谓九卿，多半是无用的衙门。六部采用委员制，每部有满、汉尚书各一，满、汉侍郎各二，共六人主政，责任不专，遇事推诿，并且自道光、咸丰以后，各省督抚权大，六部成了审核机关，本身几全不举办事务。军机处是前清中央政府最得力的机关，原是内阁分出来的一个委员会，实际辅佐皇帝处理大政的。自军机处在雍正年间成立以后，内阁变成一种装饰品。丙午年的改革，保存了军机处，此外设立十一部，每部以一个尚书为最高长官。这种改革虽不圆满，比旧制实在是好多了。但十一名尚书发表以后，汉人只占五人，比以前六部满、汉各一的比例还差了。所以这种改革，不但未和缓汉人的不平，反增加了革命运动的力量。

丁未年(1907)清政府决定设资政院于北京，作为中央的民意机关；设咨议局于各省，作为地方的民意机关。戊申年，清政府颁布宪法大纲并规定九年为预备立宪时期。如果真要立宪，九年的预备实在还不够，但是因为当时国人对清政府全不信任，故反对九年的预备，说清政府不过借预备之名搁置立宪。

清政府在这几年之内，不但借改革以收汉人的政权，并且铁良和良弼想尽了法子把袁世凯的北洋兵权也夺了。等到戊申年的秋天，宣统继位，其父载沣做摄政王的时候，第一条命令是罢免袁世凯。此时汉人之中尚忠于清廷而又有政治手腕者，袁世凯要算是第一，载沣还要得罪他，这不是清政府自取灭亡吗？

同盟会和其他革命志士看清了满人的把戏，积极地图以武力推倒清政府的政权。丙午年，同盟会的会员蔡绍南、刘道一联合湖南和江西交界的秘密会党在浏阳和萍乡起事。他们的宣言明说他们的目的是要打倒清朝，建立民国，平均地权。这是同盟会成立以后的第一次革命，也是三民主义初次充当革命的目标，但不幸失败了。同时还有许多革命党员秘密地在武昌及南京的新军中运动革命，清廷简直是防不胜防。

这时日本政府应清政府的请求，强迫孙中山先生离开日本。中山先生乃领导胡汉民、汪精卫等到安南，在河内成立革命中心。他们在丁未年好几次在潮州、惠州、钦州、廉州及镇南关各处起事，戊申年又在河口起事，均归失败。同时江、浙人所组织的光复会也积极活动。丁未年五月，光复会首领徐锡麟杀安徽巡抚恩铭，此事牵连了他的同志秋瑾，两人终皆遇害。戊申年十月，熊成基带安徽新军一部分突破安庆。他虽失败了，他的行动表示长江一带的新军已受了革命思想的影响。

丁未、戊申两年既受了这许多的挫折，同盟会的多数领袖主张革命策略应该变更。胡汉民当时说过："此后非特暗杀之事不可行，即零星散碎不足制彼虏死命之革命军，亦断不可起。"汪精卫反对此说，他相信革命志士固应有恒德，"担负重任，积劳怨于一躬，百折不挠，以行其志"，但是有些应该有烈德，"猛向前进，一往不返，流血以溉同种"。他和黄复生秘密地进北京，谋刺摄政王载沣。后事不成，被捕下狱。这是庚戌宣统二年(1910)的事情。

汪精卫独行其烈德的时候，中山先生和胡汉民、黄兴、赵声正在南洋向华侨募捐，想大规模地有计划地向清政府进攻。这是汪精卫所谓恒德。他们于庚戌年十一月在槟榔屿订计划，先占广州，然后北伐，“以黄兴统一军出湖南趋湖北，赵声统一军出江西趋南京”。订了计划以后，他们分途归国。次年，辛亥宣统三年(1911)，三月二十九日的黄花岗七十二烈士之役是他们的计划的实现。军事上虽失败了，心理上则大成功，因为革命精神从此深入国民的脑际。

正在这个时候，清廷宣布铁路国有的计划，给了革命党人一个很好的宣传机会。那时待修的铁路，以粤汉、川汉两路最为急迫，困难在资本的缺乏。四川、湖北、湖南诸省的人民乃组织民营铁路公司，想集民股筑路。其实民间的资本不够，公司的领袖人物也有借公济私的，所以成绩不好，进行很慢。邮传大臣盛宣怀乃奏请借外债修路，把粤汉、川汉两路都收归国有。借外债来建设，本来是一种开明的政策，铁路国有也是不可非议的，不过盛宣怀的官声不好，清政府已丧失人心，就是行好政策，人民都不信任，何况民营公司的股东又要损失大利源呢？因以上各种缘故，铁路国有的问题就引起多数人的反对，革命党又从中煽动，竟成了大革命的导火线。

同盟会的革命策略本注重广东，但自黄花岗失败以后，陈其美、宋教仁、谭人凤等就想利用长江流域为革命策源地。他们在上海设立同盟会中部总会，谭人凤特别注重长江中游之两湖。那时湖北新军中的蒋翊武组织文学社于武昌，借以推动革命。在湖南活动的焦达峰及在湖北活动的孙武和居正，另外组织共进会。这两个团体虽有同盟会的会员参加，但并不是同盟会的支部，而且最初彼此颇有摩擦，经谭人凤调和以后，共进会和文学社始合作。

同盟会的首领原来想在长江一带应该有好几年的预备工作，然后可以起事。但四川、湖北、湖南争路的风潮扩大以后，他们就决定在辛亥年（宣统三年，

1911)秋天起事。发难的日期原定旧历八月十五日，后因预备不足，改迟十天。却在八月十八日，革命党的机关被巡捕破获，党人名册也被搜去，于是仓促之间定八月十九即阳历十月十日起事。

辛亥武昌起义的领袖是新军的下级军官熊秉坤，他率队直入武昌，进攻总督衙门。总督瑞澂当即不抵抗出逃，新军统制张彪也跟他逃，于是武昌文武官吏均弃城逃走，武昌便为革命军所据。革命分子临时强迫官阶较高、声望较好的黎元洪做革命军的都督。

武昌起义以后，一个月之内，湖南、陕西、江西、山西、云南、安徽、江苏、贵州、浙江、广西、福建、广东、山东十三省相继宣布独立，并且没有一个地方发生激烈的战争。清朝的灭亡，不是革命军以军力打倒的，是清朝自己瓦解的。各独立省选派代表，制定临时约法，并公举孙中山先生为中华民国的临时总统。我们这个古老的帝国，忽然变为民国了。

清政府到了山穷水尽的时候，请袁世凯出来挽回大局。这种临时抱佛脚的办法是不会生效的。袁世凯替清室谋得的不过是退位以后的优待条件，为自己却得了中华民国第一任正式总统的地位。

辛亥革命打倒了清政府，这是革命唯一的成绩。清政府被打倒了以后，我们固然扫除了一种民族复兴的障碍，但是等到我们要建设新国家的时候，我们又与民族内在的各种障碍对面了。

第六节　军阀割据十五年

民国元年（1912）的民国有“民国”必须具备的条件吗？当然没有。在上了轨道的国家，政党的争权绝不使用武力，所以不致引起内战。军队是国家的，不是私人的。军队总服从政府，不问主政者是属于哪一党派。但是民国初年，在我们这里，军权就是政权。辛亥的秋天，清政府请袁世凯出来主持大政，正因为当时全国最精的北洋军队是忠于袁世凯的。中山先生在民国元年所以把总统的位置让给袁世凯，也与这个缘故有关。我们说过，在太平天国以前中国并没有私有的军队，有之从湘军起。湘军的组织和精神传给了淮军，淮军又传给北洋军，以致流毒于民国。不过湘军和淮军都随着他们的领袖尽忠于清朝，所以没有引起内乱。到了民国，没有皇帝了，北洋军就转而尽忠于袁世凯。

为什么民国初年的军队不尽忠于民国，不拥护民国的宪法呢？我们老百姓的国民程度是很低的。他们当兵原来不是要保御国家，是要解决个人生计问题的。如不加以训练，他们不知道大忠，那就是忠于国家和忠于主义，只知道小忠，忠于给他们衣食的官长，和忠于他们同乡或同族的领袖。野心家知道中国人民乡族观念之深，从而利用之，以达到他们的割据企图。

工商界及学界的人何以不起来反对军阀呢？他们在专制政体下做了几千年的顺民，不知道什么是民权，忽然要他们起来做国家的主人翁，好像一个不会游水的人，要在海洋的大波涛之中去游泳，势非淹死不可。知识阶级的人好像应该能做新国民的模范，其实也不尽然：第一，他们的知识都偏于文字方面。古书愈读得多，思想就愈腐旧、愈糊涂。留学生分散到各国各校各学派，回国以后，他们把万国的学说都带回来了，五花八门，彼此争辩，于是军阀的割据之上又加了思想的分裂。第二，中国的读书人以做官为唯一的出路。民国以来，他们中间有不少的人唯恐天下不乱，因为小朝廷愈多，他们做官的机会就愈多。所以知识阶级不但不能制止军阀，有的时候，反助纣为虐。

那么，我们在民国初年绝对没有方法引国家上轨道吗？有的，就是孙中山先生的建国方略和三民主义。中山先生早已知道清政府不是中国复兴唯一的障碍。其他如国民程度之低劣，国民经济之困难，军队之缺乏主义认识，这些他都顾虑到了。所以他把建国的程序分为军政、训政、宪政三个时期，但是时人不信他，因为他们不了解他的思想。他们以为清政府是我们唯一的障碍，清政府扫除了，中国就可以从几千年的专制一跃而达到宪政。这样，他们正替军阀开了方便之门，这就是古人所谓“欲速则不达”。在民国初年，不但一般人不了解中山先生的思想，即使同盟会的会员了解的也很少。中山先生并没有健全的革命党做他的后盾。至于革命军更谈不到，当时军队的政治认识仅限于排满一点，此外都是些封建思想和习惯，只能够做反动者的工具。中山先生既然没有健全的革命党和健全的革命军帮他推动他的救国救民族的方案，他就毅然决然让位于袁世凯，一方面希望袁世凯能不为大恶，同时他自己以在野的资格，努力造党和建设。

假使中华民族不是遇着帝国主义压迫的空前大难关，以一个曹操、司马懿之流的袁世凯当国主，树立一个新朝代，那我们也可马虎下去了。但是我们在二十世纪所需要的，是一个认识新时代而又能领导我们向近代化那条路走的伟大领袖。袁世凯绝不是个这样的人，他不过是中国旧环境产生的一个超等的大政客。在他的任内，他借了一批大外债，用暗杀的手段除了他的大政敌宋教仁，扩充了北洋军队的势力，与日本订了民国四年(1915)的条约，最后听了一群小人的话，幻想称帝。等到他于民国五年(1916)六月六日死的时候，他没有做一件于国有益，于己有光的事情。

袁死了以后，靠利禄结合的北洋军队当然四分五裂了。大小军阀，遍地皆是。他们混打了十年，他们都是些小袁世凯。到了民国十五年(1926)的夏季，中国的政治地图分割到什么样子呢？第一，东北四省和河北、山东属于北洋军阀奉系的巨头张作霖，他在北京自称大元帅，算是中华民国的元首。第二，长江下游的江、浙、皖、闽、赣五省是北洋军阀直系孙传芳的势力范围。孙氏原来是吴佩孚的部下，不过到了民国十五年(1926)，孙氏已羽翼丰满，不再居吴佩孚之下了。第三，湖北同河南仍属于直系巨头、曾拥戴曹锟为总统的吴佩孚。第四，山西仍属于北洋之附庸而保持独立而专事地方建设之阎锡山。第五，西北算是吴佩孚的旧部下而倾向革命之冯玉祥的势力范围。第六，西南的四川、云南、贵州，属于一群内不能统一，外不能左右大局的军阀。第七，广东、广西、湖南三省是革命军的策源地。从元年到十五年，我们这个国家的演化达到了这种田地。

第七节　贯彻总理的遗教

民国十五年(1926)七月九日,国民革命军誓师北伐,并下总动员令,这是中华民国历史上的大分水界。我们如果要了解民国十五年北伐誓师为什么是个划时代的史实,我们必须补述孙中山先生末年的奋斗。

我们已经说过,中山先生在辛亥革命以前宣布了他的革命方略,分革命的过程为军政、训政、宪政三个阶段。用不着说,军政是一个信服三民主义的革命军对封建势力的扫荡和肃清；训政是一个信服三民主义的革命党猛进地缔造宪政所必需的物质和精神条件。民国初年，这样的革命军和革命党都不存在，军阀得乘机而起，陷民国于长期的内乱，人民所受的痛苦，反过于在清政府专制之下所受的。中山先生于是更信他的革命方略是对的。民国三年(1914)，他制定革命党党章的时候，他把一党专政及服从党魁的精神大大地加强。民国七年(1918)，俄国革命，虽遇着国内国外反动势力的夹攻，终于成功了。中山先生考察俄国革命党的组织，发现其根本纲领竟与他多年所提倡的大同小异。原来俄国也是个政治、经济落后的国家，俄国的问题也是火速的近代化。在十九世纪，俄国没有赶上时代的潮流，因此在上次的欧洲大战，俄国以二十倍德国的领土，两倍德国的人口，尚不能对付德国二分之一的武力。俄国的革命方略，在这种状况之下当然可供我们参考。难怪中山先生虽知道中山主义与列宁主义有大不同之点，早就承认列宁是他的同志。

在苏联革命的初年，为抵抗帝国主义起见，列宁亦乐与我们携手。民国十二年(1923)正月二十六日，中山先生与列宁的代表越飞(Joffe)共同发表宣言，声明两国在各行其主义的条件之下，共同合作。十二年夏，中山先生派蒋介石赴俄，考察红军和共产党的组织。是年冬，苏联派遣鲍罗廷来华做顾问。十三年(1924)初，中山先生召开全国代表大会于广州，彻底地改组国民党，并决定联俄容共。同时蒋介石从俄回国，中山先生就请他创办黄埔军官学校。中山先生对黄埔军校是抱无穷希望的。在开学的那一天，中山先生说过：

> 今天开这个学校的希望，就是要从今天起，把革命的事业，重新创造，要这学校的学生来做根本，成立革命军。诸位学生，就是将来革命军的骨干。

十四年(1925)是革命策源地的两广的大调整时期：陈炯明勾结杨希闵、刘震寰意图消灭新起的革命势力。于是有两次的东征，然后广东得以肃清。同时革命政府协助了李宗仁、黄绍竑肃清广西。

不幸在这年的春天，三月十二日，中山先生在北平逝世了。从十五年(1926)七月九日起的北伐，到二十六年(1937)七月七日的抗日战争，是读者们所熟知的，我们可以不必细说。但是有两个重要方面我们不能不注意。

第一，抗战以来，国人不分党派区域均一致团结抗战。

第二，近年全国向近代化这条大道上迈进。铁路的加修，全国公路网的完成，航空线的设立，无线电网的布置，义务教育的提倡，科学及工程教育的奖进，及国防的近代化，都是近几年的大成绩。抗战以前全世界无不承认中华民族已踏上复兴之路。日本的军阀正是看清了这一点，所以决计向我们大举进攻。

目前的困难是一切民族在建国的过程中所不能避免的，只要我们能谨守中山先生的遗教，我们必能找到光明的出路。